中小学课本里的名人传记

达·芬奇

皮波人物国际名人研究中心　编著

国际文化出版公司

·北京·

D a V i n c i

图书在版编目（CIP）数据

达·芬奇 / 皮波人物国际名人研究中心编著. -- 北
京：国际文化出版公司, 2019.1
ISBN 978-7-5125-1090-6

Ⅰ.①达… Ⅱ.①皮… Ⅲ.①达·芬奇(Leonardo,
da Vinci 1452–1519)—传记 Ⅳ.①K835.465.72

中国版本图书馆CIP数据核字(2018)第287885号

达·芬奇

编　　著	皮波人物国际名人研究中心	
责任编辑	赵　辉	
统筹监制	杨　智	
策划编辑	孙金山	
美术编辑	丁鈇煜	
出版发行	国际文化出版公司	
经　　销	国文润华文化传媒（北京）有限责任公司	
印　　刷	三河市华晨印务有限公司	
开　　本	880毫米×1230毫米	32开
	6.5印张	107千字
版　　次	2019年1月第1版	
印　　次	2019年1月第1次印刷	
书　　号	ISBN 978-7-5125-1090-6	
定　　价	20.00元	

国际文化出版公司
地　　址：北京朝阳区东土城路乙9号　　邮　　编：100013
总编室：(010) 64271551　　传　　真：(010) 64271578
销售热线：(010) 64271187　　传　　真：(010) 64271187–800
E-mail：icpc@95777.sina.net
网　　址：http://www.sinoread.com

"中小学课本里的名人传记"丛书前言

我们的中小学课本中,涉及很多古今中外的、各个领域的历史名人,他们在思想、政治、军事、文学、艺术、科技等方面,以超人的智慧、卓越的才能,极大地推动了人类文明的发展,为我们留下了许多宝贵的精神财富、物质财富。探索伟人的成长历程,我们就会发现:虽然他们的生活年代、成长过程各不相同,但是他们一生中所表现出的积极进取、顽强拼搏等优秀品质是大致相通的。他们是人类的骄傲,是青少年的榜样。

为此,我们推出了这套"中小学课本里的名人传记"丛书,精选了一些有代表性的历史名人,例如中国的孔子、屈原、李冰、秦始皇、汉武帝、司马迁、蔡伦、王羲之、祖冲之、唐太宗、李白、欧阳修、苏轼、岳飞、王阳明、徐霞客、曹雪芹、詹天佑、孙中山、梁启超、鲁迅、毛泽东、周恩来、邓小平、钱学森等,以及外国的达·芬奇、莎士比亚、牛顿、达尔文、马克思、门捷列夫、顾拜旦……以他们的成长历程、人生发展为线索,采用富有启发性的小故事来表现他们,而不是进行冗长的说教性论述,以便使广大青少年读者产生阅读兴趣、共鸣,进而得到启发。

同时需要说明的是：本套丛书不是学术性著作，所以不做学术性研究、论证；对于如曹雪芹等生平资料较少的人物，为了使作品有血有肉、人物形象丰满，其故事叙述具有一定的合理虚构。

榜样的力量是无穷的，我们相信：青少年通过阅读这套"中小学课本里的名人传记"丛书，不仅能加深对课文的理解、增加知识，而且能开阔自己的视野，找到自己的理想追求！

目 录

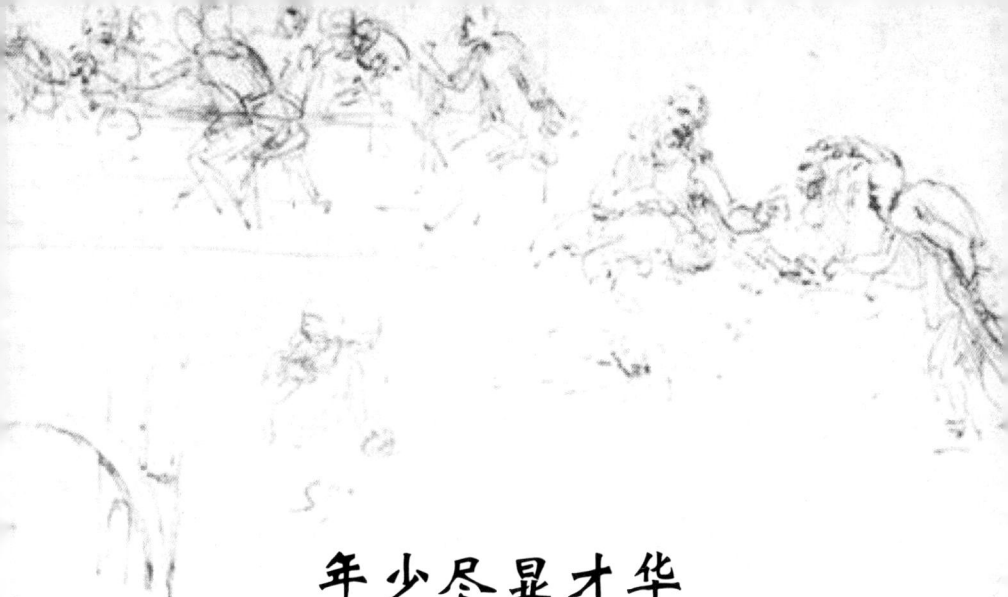

年少尽显才华

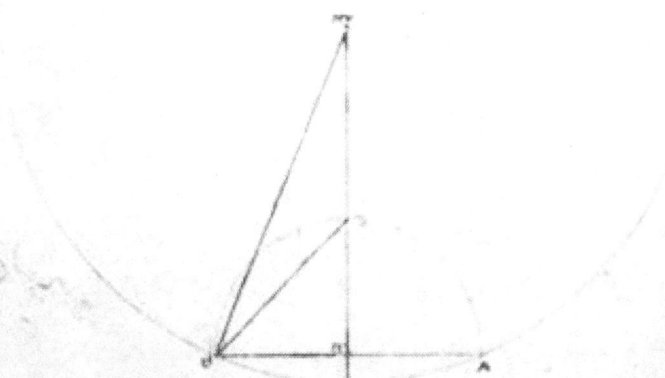

爱画画的神童

列奥纳多·达·芬奇（1452—1519），是意大利文艺复兴时期（14—16 世纪）画家、自然科学家、工程师，和米开朗琪罗（1475—1564）、拉斐尔（1483—1520）合称"文艺复兴三杰"。

达·芬奇的绘画把科学知识、艺术想象有机地结合起来，使当时绘画的表现水平发展到了一个新阶段。在绘画理论方面，他把解剖、透视、明暗、构图等零碎知识，整理成为系统理论，对欧洲绘画的发展影响很大。

达·芬奇强调数学、力学是自然科学的基础。在地质学、物理学、生物学、生理学等方面，他都提出了不少在当时具有创造性的见解。在军事、水利、土木、机械工程等方面，他也有许多重要的设想、发现……

想要完整了解达·芬奇的充满传奇色彩的经历，就要从他小时候开始说起——

1452 年 4 月 15 日，列奥纳多·达·芬奇出生于意大利佛罗伦萨的近郊芬奇镇。从很小的时候开始，他就表现出很高的绘画才能，博得了很多人的喝彩。下面，我们就从他 5 岁时

写起。

"爸爸,您快看,实在是不可思议!这个小家伙竟然在沙地上画了一只小羊,而且还画得很好呢!"

"还真是不错,卡泰丽娜。我很早就发现列奥纳多会画画了。他绝不是一个平凡的孩子,他可能是哪一位圣人投胎而降生的。一个5岁的小孩子,除了画画外,数数竟然能够数到1000,真是让人不可思议;另外,前一阵子我还看见他削木头制作风车,也没有人教他怎么做,他用他的那把小刀将手中的木片削得很薄,随后很巧妙地拼成一个十字形风车,一摆动风车就飞速地转动起来。他真是聪明得不得了!我都不敢相信他就是我的外孙。说实话,他确实是一个有天赋的孩子!"

列奥纳多的外祖父裘再伯刚从地里回来,马上跟女儿卡泰丽娜说起了这些事情。

又有一天,裘再伯说:"卡泰丽娜,快看,列奥纳多又开始画画了。咱们过去看看他在画什么。"

"还是不要了,爸爸,您看他正画得入迷,咱们还是别打扰他了。"

卡泰丽娜正在炉边烧柴火,当她听到爸爸说儿子又在画画的时候,边说边从窗口缓缓地把头探出去望了一下。这时,列奥纳多的手中抓着石片,正在沙地上仔细地画着。

达·芬奇《儿童和猫》

　　列奥纳多的衣服看着很破旧,他的脸色却红彤彤的很可爱,明亮的眼睛就像天上的星星,头发像金色的波浪一样在脑袋上卷曲着。他长得活泼可爱,气质也很不错。家人对他很是喜爱,甚至邻居见到他也会忍不住要抱一抱。

　　卡泰丽娜笑着说:"假如能给这个小家伙一张纸、一支笔,那么他一定会高兴得不得了。他一定会成天不停地画,而且进步也会很快。如果我们生活得好一点,真的就能给他买那些东西了。"

　　"不是你说的吗? 不要总是埋怨贫穷,这全都是上帝的安排。一个人最重要的是才能,有了才能就会有办法。当今的社会跟之前的不一样,身份低下的人也有机会出人头地。在大城市中,听说有很多出名的画家、雕刻家,他们都住奢华的房子,雇用很多用人,过着十分奢侈的生活;然而,他们中有些人并不是贵族出身,很多也跟我们一样是贫穷的农家子弟。"裘再伯知道女儿又要发牢骚了,急忙先主动安慰她。

　　当时,列奥纳多的家乡芬奇镇,是佛罗伦萨北方的农村。在缓缓倾斜的山坡之上,有着一片片的麦田、葡萄、橄榄树,其中还点缀着一些白顶粉墙的农舍。下了山坡,走出山谷,就能看到一条清澈的小溪,一些旅客的马匹时而会在溪边自在地饮水。这真是一片安详而静谧的美丽景色!

　　黄昏的时候,全村最高处山崖上的教堂,会响起一阵肃穆的钟声。其实,这钟声代表了村民们可以结束一天的工作了,同时它也是在向村民们暗示,这一天平平安安地过去了,之后是向上苍祈祷的时间。

有一天,住在这座教堂里的神父弗拉·基奥里正打算走出教堂,但是发现卡泰丽娜牵着列奥纳多的手站在了院子当中。

"哦,是你啊,卡泰丽娜。请问有什么事儿吗?"神父一边说着,一边朝她走去。

"嗯,我过来是为了这个孩子,想请您帮帮忙。"

"当然可以,如果是我能够办得到的事儿,你尽管说。我对列奥纳多这个孩子的遭遇,也一直都很关心。他生下来就没有爸爸,也真是可怜!"

"谢谢您的关爱。那么……"

"请等一下,"基奥里打断了卡泰丽娜的话,"我可得说清楚了,我可以帮你,但是有些事情我可帮不了忙。如果是关于皮耶罗先生的事儿,我恐怕有心无力,因为他是本村最有势力的人,而我只不过是一名上帝的用人而已。"

"当然不是关于他的事儿了。"

"真的吗?那你就说吧。"

卡泰丽娜犹豫了一下,随后似乎下定了决心。她说:"请

您送一些纸笔给这个孩子可以吗？"

"你说什么？纸笔？"

"是的。就是那种画图用的纸和炭笔。我们家没有多余的钱帮他买，而且也不知道哪里有卖的。列奥纳多这孩子特别喜欢画画，他每天都在沙地上不停地画着小动物或者人的面孔等。可是，经过风吹雨打，那些画就消失了。我希望这个孩子能有机会在白纸上用黑色炭笔好好地画。"

神父听完之后笑着点头说："原来是这样。这还不简单吗，你在这里等一会儿，我这就去拿。这孩子画画很出名的，连我都知道。"

神父马上回到教堂，没过多久，他就带着几张纸和用过了的炭笔，放在很腼腆的列奥纳多的小手里。

列奥纳多看着纸笔，心中十分激动。卡泰丽娜向神父连连致谢，随后就带着孩子离开了教堂。

"列奥纳多，你现在有了纸笔了，最想画什么呢？动物？植物？还是妈妈的脸？"

"都不是！"列奥纳多用力地摇了摇头。

"哦？如果都不是的话，你一定是想画玛利亚和耶稣基督的画像？"

"也不对。"列奥纳多回答完之后就闭起了嘴，飞快地向前迈开了脚步。这是通往村郊的方向，和他们回家的方向正好是相反的。

"这不是我们要回家的路啊？走吧，跟我一起回家，赶快画你喜欢画的东西去。"

"可是，妈妈，我一直想画的东西就在这里。从这里走到小山头上面就是了。"

"但是，那边除了一栋很漂亮的大房子之外，就没有什么了。"

"是啊，我想画的就是那栋房子，那是皮耶罗老爷的。"

卡泰丽娜听着儿子说的话，停下了脚步。她惊慌着，甚至连声音都有些沙哑："你说什么？你想去那里做什么？"

"这就是我想画的。我看它就跟城堡一样，我经常从很远的地方看那栋房子，一直想画它。"

"这不行！"

"为什么呀？"

"我说了，不行就不行，你别再说了，"卡泰丽娜的声音第一次这么严肃，"这不是你要去的地方，知道了吗！"

"妈妈，如果我只是去它的门前总行吧？妈妈，我很早就在想着这件事儿了。"列奥纳多说着说着就撒开妈妈的手，向那栋房子飞奔而去。

妈妈的艰难抉择

卡泰丽娜为何要阻止列奥纳多去皮耶罗的家附近呢？其实，这栋宅第的主人皮耶罗，就是列奥纳多的爸爸。但是，小小的列奥纳多怎么会知道，这位全村最富有的人，竟然是自己的亲生爸爸！

可能会有很多人都觉得奇怪，为什么爸爸住着豪华奢侈的房子，而他的儿子却贫穷得连纸笔都买不起呢？

原来，皮耶罗在年轻的时候，曾经和同村的农家女卡泰丽娜相识并且相恋，两个人交往了一段时间后坠入爱河，后来还私订终身。

意大利之前的社会风气和现在的完全不一样，尤其是生活在那个时代的农村中，更是注重门当户对。所以，即使他们俩真心相爱，但是双方的亲朋好友都极力反对，并且无所不用其极，打算让怀有身孕的卡泰丽娜与皮耶罗断绝来往。

接下来，皮耶罗的意志不是很坚定。他在家人、亲戚们的软磨硬泡之下，打消了和卡泰丽娜结婚的念头。就在这个时候，皮耶罗的爸爸安东尼奥看准机会，在儿子的决定还没有改变之前，急忙给他从城中找了一个有钱人的女儿结了婚。

就这样,卡泰丽娜被无情地抛弃了。在其后的很长一段时间里,她都是生不如死。不过,她本来就是出身低贱的农家女,能有什么办法呢?

之后,列奥纳多就出世了。

从列奥纳多出生的那一刻开始,他就特别招人喜欢,卡泰丽娜每天都悉心照顾他,同时,心中也想通了,能和这个孩子在一起就很幸福了。于是,她决意要好好地抚养这个孩子,与他相依为命。

这个孩子的爸爸皮耶罗,并没有过度地伤心。皮耶罗与他爸爸为他选中的女人结婚之后,心就已经不属于芬奇镇了;不久,他就离开了芬奇镇,去往佛罗伦萨闯荡了。

现在,村里的这栋房子里,住着皮耶罗的爸爸安东尼奥——也就是列奥纳多的祖父,还有几个用人。

如今,卡泰丽娜已经不恨皮耶罗一家人了。假如有人提到这件事情,她只能苦笑着说:"这一切都是上帝的安排!"

在去教堂向神父讨要纸笔的几天后,卡泰丽娜再次去教堂拜访了神父。

"卡泰丽娜,你今天有什么事情吗?"神父露着和蔼的笑容说。

"神父,我儿子画了一幅画,请您看看吧。"卡泰丽娜一边

说一边拿出一张纸，"请看，他画的是皮耶罗老爷的房子。"

"这……"

神父端详着这幅画，很长时间之后，满脸疑惑地问："画得真是妙啊！这真是列奥纳多画的吗？"

"这确实是他画的，我可以对天发誓。"

"不，不，我只是惊叹而已，这的确是皮耶罗先生的公馆，这一砖一瓦、一草一木，都画得太逼真了。我之前也听说过这孩子有绘画的天分，可是没想到他竟然画得这么好！"

"您也认为他的画很不错吗？"

"确实如此。卡泰丽娜，我有一个不情之请，你是否可以把这幅画送给我？我要将它贴在教堂的墙壁上，让信徒们也欣赏欣赏。"

"这个当然没问题，因为他的纸笔都是您送的。我很乐意将这幅画送给您作个纪念。"

列奥纳多的画受到了基奥里神父的欣赏，而且现在有机会在教堂内公开展出，卡泰丽娜感到很骄傲。

一天，全家人都跟平常一样下田干活去了，只有卡泰丽娜留在家里陪着列奥纳多。

当她安然地在葡萄架下做针线活儿的时候，基奥里神父悄悄地走了进来。

"是您啊神父,您快里面坐。"卡泰丽娜见到神父前来拜访,急忙站了起来招呼他。

神父有些神色不定,连忙说:"没关系的,不要紧。"他一边说一边四下打量着院子。

"您快请坐,神父。现在外边实在太热了,树下很凉快,您不妨过去休息一会儿再说。"

慌神的神父支支吾吾了很长时间,就是不肯坐下来。他现在正不断地用手抚摩着下巴,总是在不经意间尴尬地咳嗽两声。后来,他一边搓着手,一边在卡泰丽娜面前来回踱起了方步。

"您一定有什么事儿想跟我说吧?"卡泰丽娜见到这个情形,有些好奇地问。

"当然……我有一点事儿,"神父又开始干咳起来,他不敢与卡泰丽娜对视,"这个事情,是关于列奥纳多的。"

"哦,这样啊!那您告诉我,列奥纳多怎么了呢?"

"列奥纳多的画,画得很不错,自从贴出来之后,只要是到教堂去的人,都会称赞。我也认为很光荣呢!"说到这里,他又干咳了一声,双手不断地互相搓着,没有说下去。

过了一会儿,他终于说:"但是昨天,安东尼奥老爷去教堂找了我。"

当卡泰丽娜听到安东尼奥名字的时候,脸色变得很难

看,她拿着针线的手有些发抖。

"那……安东尼奥老爷找您做什么呢?"

"当然是列奥纳多的天分让他有些注意了。"

"这样啊,那他是怎么说的?"

"当然是夸列奥纳多是神童啊!"

"真的是这样吗?安东尼奥老爷夸列奥纳多是神童啊?"卡泰丽娜不禁有一些脸红了。

虽然卡泰丽娜认为这个老人是个冷酷无情的人,不过,列奥纳多能够让这个人这么称赞,她感觉很欣慰。

"卡泰丽娜,安东尼奥老爷打算让我跟你商量一下,希望你能答应他的一个请求。"

"这……是有关列奥纳多的事儿吗?"

"嗯,我就开门见山吧!安东尼奥老爷愿意把列奥纳多接过去,把他当作皮耶罗少爷的养子来抚养。"

"但是,您不觉得这样很过分吗!我……"卡泰丽娜一下子气得不知道该说什么好了。她活在这个世上是因为有所寄托,她把所有的希望都寄托在列奥纳多身上了。

"我当然也为你着想了。你的心情,我是十分了解的。不过,我想向你提出一个问题。"说完这些,基奥里神父好像做出了一个决定,他找到一张粗陋的椅子坐了下来,准备说服正在低头凝思的卡泰丽娜。

"你也是知道的，皮耶罗夫妻没有生儿育女，安东尼奥老爷为了后代的问题一直很担忧。他之前也曾经跟我诉说过他的烦恼，打算让我找机会问问你的意思。"

"但是，神父，这不是一件自私的事情吗！虽然我只是一个农家女，可是，像他这样光顾着自己而不管别人的死活，这不会遭天谴吗？"

"当然，卡泰丽娜，你的想法我很认同。但是我要提醒你，你可以站在自身的立场来考虑他所提出的要求。"

"请问，您这话是什么意思？"

"你可以想一想，列奥纳多是大家公认的神童，可是，虽然是神童，也必须让他有机会接受教育，锻炼自己的才艺，之后才会扬名于社会；不然的话，那不是白白浪费了他的天分吗？"

卡泰丽娜听完神父的话，开始沉思起来。不一会儿，她慢慢抬起头来，有些无奈地说："您说这话，也不是没有道理。"

"那当然了。你想一想，你连纸笔都买不起，这样的家庭条件，难免会让我们对列奥纳多的将来担忧。到底是让他继续留在你身边，当一个好儿子，在村中埋没一生好呢？还是忍受暂时的痛苦，让列奥纳多将来有机会发展天赋好呢？你应该做出一个选择。"

卡泰丽娜考虑了很长时间，最后愁容满面地说："对不起，

我现在很混乱。请神父把决定赐给我吧！我会遵照您的意思做的。"

"你意思是说让我替你选择吗？好吧！我的意思是，还是让您忍受暂时的痛苦吧。我认为，你应当抛弃对儿子的小情意，而让他之后有机会成为伟大的人物，最终能够闻名于世，这种做法才是妈妈应尽的义务。"

"但是神父，我在想，安东尼奥老爷是否能够给列奥纳多这样的机会呢？"

"你考虑的这些当然很对，可是你应该知道，皮耶罗家是咱们这地区的名门望族，家庭条件很好，绝对会让列奥纳多接受最好的教育的，这个你应该很清楚才对。"

卡泰丽娜又开始沉思。她想着想着，开始不停地流下无奈的泪水，泪水沾湿了她的衣服。她的双唇紧紧地闭着，带着一些颤抖。

"只有这样了，我只能照着您的意思去做。但愿上帝保佑我的孩子！"卡泰丽娜很吃力地低声说着，不经意间，泪水又滑落下来，滴在地上。这个时候，一切似乎都安静下来了。

被祖父抚养

从远处望去,皮耶罗家的宅第,伫立在村人一眼就可以看到的小山冈之上。广阔的宅第外边围绕着花岗石墙壁。走进城楼式的大门之后,中间是一栋红瓦的主房;两边像鸟的翅膀一样伸出的厢房,分别住着用人、长工的亲属。

这个时候正是葡萄丰收的时节,皮耶罗家雇用的男女长工,都集中在内院的空地上,正忙着捣葡萄果实,打算用来酿酒。

有一天,就在女长工们捣葡萄时唱的欢快歌声中,列奥纳多跟着基奥里神父,第一次跨进了皮耶罗家的大门。列奥纳多穿着一身简陋、但洗得很干净的衣服,他的头发也梳得十分整齐。他的妈妈卡泰丽娜,只能独自留在外面,而不能进去。

这个时候的列奥纳多年龄还小,并没有注意到这些。当他第一次看到如此漂亮的房子的时候,他感觉自己好像是在梦中一样。

"你就是列奥纳多吧?不错,坐在这个椅子上吧。"一个身材高大的老人,走进客厅时温和地说。列奥纳多看了一眼

这个老人,藏在神父背后不说话。这个老人走上前一把将他抱起来,在他的小脸上亲了亲,之后又将他带到有装饰的靠背椅前,让他坐了下来。

"从今往后,这里就是你的家了。现在,你就是这个家庭的孩子了。至于我,你要叫我爷爷才可以。你现在叫一声吧!"

列奥纳多扯着清脆的喉咙喊着:"爷爷!"

"真是不错,你果然是个聪明的孩子。想要什么就尽管说,假如是家中没有的,我会马上让人去给你买。怎么样?你现在想要什么东西?"

"哦,是这样的,老爷,我想这孩子应该是看这房子太漂亮了,看得入了迷,现在脑袋都搞不清状况了。"神父在一边陪着说道。

"你现在应当把之前的农家生活都忘掉。比如说,母鸡、马匹、外公什么的,这些都得完全忘掉。现在,你在风度礼仪上,也要学得像我们这一家人才可以。"说完,这个老人挺着肚子站了起来,展示了他的威风,并且拍手召唤用人。

这个时候,一个很肥胖的中年女佣走了进来。

"你去带列奥纳多少爷换件衣服。假如不合适的话,先想想办法凑合一下,之后我会让人去城里给他买新的。"

这个肥胖的女人,就是列奥纳多的随身保姆。

随后,保姆把列奥纳多带到另外一个房间,给他穿上之前就准备好的一件长袍。这件长袍是天鹅绒的，列奥纳多感觉又滑又软，这是他第一次穿这种舒适的衣服。

当老安东尼奥见到列奥纳多身穿这样的衣服重新出现在客厅时，再一次赞赏起来："真是个可爱的孩子！"

这栋房子很久都没有孩子的声音了。自从皮耶罗娶了妻子搬到佛罗伦萨之后，这个老人就过着无聊、孤独的日子。现在，他有了列奥纳多，这就好比是在枯燥无味的黑暗生活中找到了一盏明灯。比起那些让人头疼的继承问题来，这种事情给他带来的欢愉似乎更多一些。

就在这天的晚上，老安东尼奥给他的儿子皮耶罗写了这样一封信：

亲爱的儿子：

现在你的亲生儿子——列奥纳多——已经被我接到家中了，随后将成为我们家的继承人。

列奥纳多长得很像你，可爱之间又透露出高贵的气质，而且还是个神童。他画画的才能十分出众，还擅长数理。假如把我的孙子多加教导的话，他以后可能会成为扬名天下的人物。

我希望，你为自己亲生儿子的教育，能够多尽一些力量。这里是穷乡僻壤，既没有很好的师资，也缺乏教材。

你现在在城市中很方便,请你尽快替我聘请一位优秀的家庭教师过来。在列奥纳多还未达到一定的年龄之前,关于他的教育问题,我会在家负责照看,你可以放心地去做自己的事情。

大约过了几天,一个看着像是城市人打扮的年轻男子,骑着马来到了这个村子。他在这栋大房子门前停下来,递给了门卫一封信,说是皮耶罗写给安东尼奥的。

其实,这个人就是安东尼奥所要的家庭教师。他的名字叫波那哥士。

当家庭教师第一次看到列奥纳多的时候,脸上立刻显出了一些失落:"啊! 这就是列奥纳多少爷吗? 我完全没有想到他年龄竟然这么小,还给他带来了一大堆深奥的拉丁文课本。而且,这个年龄也没有到学画的阶段。"

波那哥士是一个和蔼可亲并且很擅长教育的人,他到的第二天就开始迫不及待地给列奥纳多上课了。当然,除了功课以外,波那哥士还热心地陪着列奥纳多做游戏,甚至有时跟他一起制作玩具和工具。

随后,波那哥士又开始教列奥纳多写字,背诵拉丁文的古谚、格言。列奥纳多每次都能马上记下来所学的古谚、格言,第二天在老师的面前还能朗朗上口;并且当他碰到新的字句时,也能够逐一念出。

有一天吃饭的时候,波那哥士很满意地跟老安东尼奥说:"这个孩子实在是聪明得不得了,我之前没有遇到过,我甚至都感觉到有些害怕了。"

过了一阵子,波那哥士开始为列奥纳多准备绘画的范本。波那哥士慢慢地教列奥纳多怎么能够将建筑物画得更逼真一些,而且还教会他如何表现近景、远景的区别的画法。

其实,这种画法就是"远近法"(也叫"透视法"),当然,现在很多人都知道;不过,在那个年代却是一种崭新的方法,纵然是专业的画家,能够准确使用的也不是很多。波那哥士知道这种画法,是因为他曾在佛罗伦萨接受过著名画家的教导。

列奥纳多在被教过一次之后,对这种画法十分感兴趣。学完之后,他就拿着画笔,将窗外的庭院景色、石墙由近而远逐渐变小的情形,按照这种画法画了出来。

当列奥纳多学习了人物素描的方法之后,马上让爷爷当模特,而且竟然在短短一小时之内就把爷爷的像画好了。

"画得太好了!这让我感觉是自己在照镜子呢!"老安东尼奥十分赞赏列奥纳多的才能。

达·芬奇《坐着的老人》

时间过得很快，一两年时间，一眨眼就过去了。列奥纳多已经能够阅读但丁（1265—1321，意大利诗人）的诗了，而且会用颜料很简单地画出希腊神话和《圣经》里的人物。

列奥纳多感觉很满足。这是因为，不管是什么东西，如果他开口了，老安东尼奥马上就会买给他；假如他有什么事情不会，他的家庭教师也会教给他。

可是，让列奥纳多感到很遗憾的是，他再也找不到可以叫一声"妈妈"的人了。

曾经有段时间，列奥纳多因为忙着学习知识和技术，没有时间想其他的事情。可是，时间一点点过去，他又开始思念自己的妈妈了。

"请您让我和妈妈见一面行不行？"当列奥纳多十分想念妈妈的时候，就会向老安东尼奥提出如此的请求。

平时对列奥纳多一直都是有求必应的老安东尼奥，听完这种话后马上严肃地说："列奥纳多，别说傻话了，你的妈妈在佛罗伦萨，与你的爸爸住在一起。如果哪天你去城里，就可以跟她见面了。"对于卡泰丽娜的事情，却一个字都不提。

之后，随着列奥纳多年岁慢慢增长，他终于知道了整件事情的经过。他觉得自己的妈妈很悲惨，有些时候他因为一直思念着妈妈，躺在床上时会辗转反侧。不过，他从来没有把这件事情说出来。

父子相见

在列奥纳多 14 岁的那一年，他的爸爸皮耶罗因为有事儿回了一次家乡。

皮耶罗时常会在爸爸老安东尼奥的信中了解儿子列奥纳多的生活情况，可是他离开家乡太久，多年来在繁华的城市中生活习惯了，所以对家中的儿子也不是特别挂念。现在，他回到了自己所熟悉的家，站在老安东尼奥的面前。

"爸爸您好。"

"你回来了，皮耶罗。"

老安东尼奥已经很老了，他看到儿子后十分高兴，随后郑重其事地对儿子说："我现在让你见一个人，他正在里头等着呢。"

"这个人是谁呀？"

"你现在不用知道，见了面就明白了。"安东尼奥跟小孩子一样调皮地闭起一只眼，之后推开了隔壁的房门。

当门推开的时候，列奥纳多就从里面缓缓地走了出来。他穿着胸前有金丝刺绣的丝绸上衣，修长的腿上裹着薄袜，虽然脸上带有几分稚气，不过看上去已经具有青年人的气概了。

皮耶罗看到眼前这个都市装扮的美少年,一时想不起这个人到底是谁。

少年的一只脚向后倒退,轻轻弯下腰,按照当时的礼俗行了个礼。

"现在你知道他是谁了吧?"

"难道这个孩子就是列奥纳多,爸爸?"

"你猜对了,这个孩子正是列奥纳多,他可是你的儿子呀。"

"列奥纳多,是你吗? 都长这么大了,真是个漂亮的孩子!"说完皮耶罗伸出手紧紧地拥抱住列奥纳多,热烈地亲着他的面颊。

但是,列奥纳多却完全没有爸爸的兴奋。他见到了爸爸后一点也没觉得开心,更没有心情叫他"爸爸"。

列奥纳多的这种心情,持续了很长时间。他会躲开爸爸,把自己关在房子里,利用绘画打发时间。有些时候,他会不知不觉地停下画笔,心里想着:"假如妈妈也在一起,那该有多好啊!"当他见到爸爸的时候,总会尝试着在爸爸身旁配上妈妈的身影,心里想着:"假如妈妈也跟爸爸在一起,我必然会喜欢爸爸的。"

在列奥纳多看来,爸爸反而给他带来了落寞和孤独。可是,皮耶罗却根本不了解儿子的这种微妙心理。

"我的孩子看起来总是有些不高兴的样子。这样,我明天让人去城里买一些不错的糖果给他吃。"皮耶罗说。在那个时代的欧洲,糖果是一种极为奢侈的食品。

自从爸爸回到家后,列奥纳多就经常将自己的房间从外面锁起来——让别人无法看到里面,之后再悄悄溜出家门。

有一天,一些用人看到列奥纳多提个篮子慌忙地踏出大门,不禁惊讶地问他:"少爷,您这是要去哪里?"

"没事儿,我去抓一些小动物。"

"抓什么小动物?"

"不告诉你们。"

时间不长,列奥纳多从外面回来了。

"少爷,您抓到什么了?这只篮子里装的是什么?"

"还是不告诉你。"列奥纳多微笑着说。

这只盖得紧紧的篮子里,好像有什么东西在动。

列奥纳多回到自己的房间后,马上轻轻打开篮子盖。

假如这时有人到了他的房间,一定会吓得半死,因为篮子里竟然出现了一条蛇!那条蛇出了篮子,就在地上爬起来。更让人想不到的是,在蛇的后边还跟着一些蜥蜴等,它们爬到了地面上,又爬上了墙壁,有时会突然从天花板上"扑通"一声掉下来。

列奥纳多不但没有因此感到害怕,而且还一直睁大了双眼凝视着这些动物,专心观察它们爬动时的姿态。

到了第二天,列奥纳多意犹未尽,再次提着篮子到外面去找那些动物。

过了一些天之后,他房间里的蛇、蜥蜴和其他爬虫等,开始发出难闻的臭味。这是因为,那些动物中有的已经死掉了,开始腐烂。

可是,列奥纳多却舍不得丢掉这些死动物,而且更起劲地仔细描绘着它们。

原来,列奥纳多抓这些动物,是想仔细观察,加以描绘。

第一次的杰作

有一天,村里的一个农夫来找皮耶罗。

"老爷,我有一个不情之请。"这个农夫把他带来的一块巨大的椭圆形厚木板,十分恭敬地拿出来放在皮耶罗面前。

农夫很有礼貌地鞠了个躬,说:"这是用我家院子里的树做成的盾牌。"

"你拿这个东西来做什么?"

"我听别人说,您和城里的一位特别有名的画家相识。

我想拜托老爷请那位画家在这块盾牌上画一幅画。"

不过,皮耶罗并不想帮这个忙,而是让儿子画,并且说要画得吓人一点。

过了几天,列奥纳多向皮耶罗说:"爸爸,您交代的盾牌的画已经画好了。"

"是这样吗? 真是感谢你,你画了什么东西?"

"按照您的吩咐,我画了一幅奇特的画。"

"你马上拿过来让我看看。"

"这样不好,还是请您待会儿到我的房间去吧,去了就可以看到啦。"

列奥纳多说完了话,就回到自己的房间。他将窗帘拉上,留下了一道缝隙能够让阳光照进来,而这道光线正好照在那块盾牌上面。

不一会儿,皮耶罗在外边敲门。

"请进!"

皮耶罗轻轻推开了房门。

因为房间里很暗,只有一个地方是亮的,所以皮耶罗的视线自然而然地投向那个地方。

突然,映入他眼帘的,竟然是一张惨白的女人的脸,她用一种充满怨恨的眼神瞪视着他。在她的头上,有无数的蛇相互盘结在一起,而且都张口吐着细舌,似乎要向皮耶罗猛扑过来。

"我的天啊,救命啊!"

平时总是保持威仪的皮耶罗,这时却因为惊吓过度,失声叫了起来,同时下意识地倒退了几步。

"哈哈……"屋子中响起了一阵笑声。那当然是列奥纳多的声音。

"您不要害怕,这就是您所要的画。"

"是这样啊,真是吓了我一跳!"

"您确实被吓到了啊?"

"当然了,不过如果是画,我就放心了。"

"那么我也放心了,因为您已经证明这幅画确实符合了您的要求。"

皮耶罗在吓出了一身冷汗之后,开始重新仔细观赏这幅画,他发现儿子的画艺比外传的还要高明。

这幅画画得真是出神入化。皮耶罗原本打算哄骗那个农夫,现在他看到这幅画这么出色,就有点舍不得给那个农夫了。于是皮耶罗就瞒着农夫,私自把这幅画带回佛罗伦萨去了。

当然,皮耶罗对于绘画终究是个门外汉,虽然他觉得这

幅画画得好,可是到底好到了什么程度,就必须让行家来鉴定了。

有一天,皮耶罗邀请了一位旧识的画商到家里来,聊着聊着,无意间拿出这个盾牌说:"您鉴赏一下这幅画,这是在无意中发现的。"

"这……"这位画商看完之后,一直点头。他那双眼睛好像猎人找到了猎物一样,开始放光。

"这真是不错的东西,我想应该是出自一位巨匠之手。可以这么说,如此高明手艺的画家,在佛罗伦萨城除了韦罗基奥大师外,就没有其他人了。这么杰出的名作,您是从哪里弄来的?"

皮耶罗心里忍不住觉得好笑,可是,如今不能说出真相,只好找个理由说:"卖家不愿意让别人知道,所以我不能说。"

"这应该很贵吧?"

"对,确实很贵。"

这个时候,画商十分严肃地说:"我觉得我们应该好好谈一谈。假如价钱适中的话,您可以把这幅画让给我吗?"

皮耶罗突然觉得事情变得有趣了,他故作为难地说:"可是,这幅画是我好不容易才找到的。说实话,我真舍不得卖。"

"这是当然的了。但是,这也得看价钱怎么样。您的意思是……"

达·芬奇《坐姿服饰》

"那你出个价钱,我看看怎么样吧!"

这位画商仔细想了想说:"这样吧,我出 500 杜卡特金币(当时的一种货币)如何? 这已经很高了。"

"这怎么能行? 这么便宜的话可不行。"

"这……要不然,700 杜卡特好不好?"

"不,不,还是不行!"

皮耶罗虽然嘴上这么说,可是心中已经兴奋得不得了了。他觉得赚不赚钱都没问题,儿子的画被估得越高,他就越高兴。

画商犹豫了很久,最后才咬了咬牙,说:"1000 杜卡特!"

皮耶罗见好就收,装作无奈地说:"好吧! 谁让咱们是老朋友,就以 1000 杜卡特成交吧。"

列奥纳多的画竟然能卖到 1000 杜卡特——这在那个时候是一笔可观的数目,足可买下一栋位于佛罗伦萨繁华地段的大楼房。

皮耶罗收了钱后,他买了一个同样大小的盾牌,又找了一个无名的画家画了一幅画,叫人带回家乡交给那个农夫。

来到佛罗伦萨

经过盾牌那件事情之后，皮耶罗对列奥纳多的看法完全改变了。他心想："列奥纳多将来一定会成大器。我得早些把他带到佛罗伦萨来，把他送到一流的大师门上去学画。"

皮耶罗马上给爸爸老安东尼奥写信，请求他让列奥纳多来佛罗伦萨见见世面。

没过多长时间，老安东尼奥就回信说，列奥纳多会在最近一段时间前往佛罗伦萨。

佛罗伦萨，当时被誉为意大利最美的城市，它在列奥纳多的心中，是一种优雅、高贵的象征。

佛罗伦萨这个词，在意大利语有"花都"的意思。事实上，佛罗伦萨这个城市，名副其实，正是一座如花朵一样芬芳美丽的城市。

当列奥纳多在用人的陪同之下，骑着马进入这座城市时，他一直都睁大眼睛不断愣神，怀疑自己是在做梦。这一天，佛罗伦萨沐浴在了一片晴朗的天空之中，一行行整齐的白石子房屋显得很漂亮。

列奥纳多回头对用人说："我们就在这里下马吧！我想

先欣赏一下街上的风景。"

他的用人却摇头说："少爷您别再贪玩了,老爷在等候您呢! 从今往后您就要住在这里,街上的风景恐怕会看腻的。"

"话虽这么说,但是现在正顺路,不欣赏一下很可惜。我们还是在那座桥旁休息一会儿吧。"

列奥纳多指的是架设在贯穿市中心的阿尔诺河上的朋特·博基奥桥。这座桥的栏杆上,有大理石雕刻的维纳斯像。

列奥纳多仰望着这尊女神雕像,心中充满了幸福感。

"那边闪闪发光的大圆顶建筑,是杜阿摩吧?"

"是的! 您可真行! 我终究是个乡下人,都一大把年纪了还是什么都不懂。"

"这都是听波那哥士老师讲的,它是一个叫布奈里斯基的著名建筑家所建。你看到它旁边的那座高塔了吗? 那是鸠多设计的。之前我一直希望能够见到这座塔。"

"您倒是知道得很多。您将来一定会成为名人的。"

如果说罗马是教皇所在的宗教中心,那么佛罗伦萨就是学术和艺术之都。

在那个时代,如果想成为学者或艺术家,都要到佛罗伦萨去拜师学艺。

做韦罗基奥的模特

当时，佛罗伦萨有一位广受市民敬仰的艺术家，韦罗基奥（1435—1488）。一天黄昏，他正在家中的阳台上默坐沉思。

钟声飘过水面，柔和地回响着。韦罗基奥一边倾听着钟声，一边构想着即将着手绘制的一幅巨画。

这个时候，他的徒弟多米尼哥走上了阳台。

"师父，您有客人。"

"客人？这个时候能有谁呢？"

"是皮耶罗·达·芬奇先生。"

"哦，就是那位有名的公证人皮耶罗吗？"

"对。他说他有事情要跟师父直接谈一谈，还带着一位十五六岁的男孩。"

"那应该是来求我收他的儿子当门徒的了。"韦罗基奥的脸上露出一丝不愉快的表情。

在韦罗基奥眼中，黄昏，是思考的时间。他平时会给各个教堂、贵族们制作壁画或雕刻，需要花时间构思画题的架构、人物的表情，以及整幅作品的格调等。每天的黄昏，正是他最宝贵的冥想时间。因此，除了十分亲密的友人之外，他向来不

愿意接见客人。朋友们大都知道他的这种习性，所以尽量避免在黄昏的时候拜访他。

"这个人前些时候就说过要带他的儿子来拜师，但是，我并没有马上答应。皮耶罗这个人，我觉得他的人品不怎么样。"

在那个时候的意大利，艺术家可以说是大众的宠儿。只要是出了名的艺术家，不但获准进出宫廷，而且还能与贵族交往，之后财富也滚滚而来。所以，"望子成龙"的爸爸们，不断地拥向巨匠的门庭，希望自己的儿子能够进入艺术界。韦罗基奥为了应酬这些"望子成龙"的爸爸们，早就口干舌燥了。

"公证人皮耶罗，应该也是这一类浅薄的爸爸。"韦罗基奥这样想。

"找个理由让他回去吧！他来的不是时候，实在是不懂礼貌！"韦罗基奥吩咐说。

"好的，师父，我早把这些告诉了他，请他另外找个时间再过来。"

"嗯，你这么做很对。"

"可是，他硬是不走。他说师父您是他的朋友，一定肯接见他的。"

"实在是不知道天高地厚！"

韦罗基奥的话音刚落，皮耶罗就从外面踏着大步走了进来。

韦罗基奥看见皮耶罗没有经过允许就擅自闯了进来,马上火冒三丈。可是皮耶罗却不管三七二十一,见面就说:"您好,韦罗基奥大师,请原谅我这么粗鲁。我害怕事情弄不清楚,所以想当面跟您谈一谈。"

随后,皮耶罗回头指一指站在后面的儿子说:"他就是我的儿子列奥纳多。"

韦罗基奥听了,这才注意到跟皮耶罗一块进来的那个少年,他禁不住叹出声来。

眼前这个少年腼腆地红着脸,安静地站在巨木般的爸爸身后。那种仪态,令人看在眼里,不得不产生好感。

"难道这真是他的儿子吗?跟他的爸爸一点也不一样。"韦罗基奥心里这样想。

列奥纳多鞠了个躬,表现出翩翩风度。当他把头低下来的时候,那波浪般的金发也随着微微摇曳,轻轻地拂着脸颊。之后,他抬头向韦罗基奥凝目注视着。

列奥纳多的眼睛真是清澈明亮,那种神采就像是下凡的天使。

"如何,韦罗基奥大师?我今天冒昧拜访,为的是要请求您收列奥纳多为徒。请您无论如何都要答应我。"皮耶罗说话的口吻,与其说是请求,不如说是命令。

假如是平常,韦罗基奥肯定会一怒之下把对方赶走,但是

从刚才看到列奥纳多的时候,他的怒气就已经消失了。

"请坐吧,皮耶罗先生,"韦罗基奥忘了原先对皮耶罗的不满,一副和颜悦色的样子,"您真有福气,有这样一位俊美的儿子。"

"貌似大家都这样说。您的夸奖,让我感到无比荣幸。这么说,您现在已经答应收他为徒了?"皮耶罗发现有机可乘,就紧紧抓着不放。

"不要着急,皮耶罗先生。"

"不好意思哈。那么,您现在同意了吗?"

"有些事情,我必须先讲清楚。绝大部分的父母都以为,只要让儿子去拜名家为师,将来就一定可以成为有名的艺术家,但是,并不都是这样。"

"这个我明白。"

"其实,在一千个人中只有一两个会成功,或者比这个还要少。即便如此,您还是愿意让他跟我学吗?"

"那是自然。"

"如果他不能成功,您打算怎么办?是否会归咎于我而怨恨我?"

"请您千万别这么说。列奥纳多一定会成为杰出画家的。"

"我看您倒是很有自信。"韦罗基奥笑了起来。他虽然在笑,可是眼睛却一刻也没有离开过列奥纳多。黄昏的微弱光线照在列奥纳多的脸颊侧面。眼前这个景象，似乎让韦罗基奥看得出了神。

"皮耶罗先生，"韦罗基奥又一本正经地说，"我也有一件事情想拜托您。"

"什么事情？"

"这个事情，说起来也与列奥纳多有关。我的意思是想请您暂时把列奥纳多借给我，因为现在我有一幅画正需要像他这样的孩子来当模特。"

"原来是这样，我还以为是什么事情呢！"皮耶罗兴奋得很，"这当然可以。假如他能够派得上用场，您就用吧。能成为您这样的大师的模特，这是他的光荣。"

"谢谢。我们明天就开始好吗？"

"没关系，那就这样了。"

在回家的路上，皮耶罗喜不胜收地回头对列奥纳多说："列奥纳多，今天这一趟总算没有白跑。"说完伸手拍了一下列奥纳多的肩膀。

"但是，他又没有说收我当徒弟。"

"放心好了，既然事情现在已经到了这个地步，肯定没有问题的。从明天开始，你就是一代大师的模特了。"

第二天，列奥纳多怀着愉快的心情，准备去韦罗基奥的画

室当模特。

列奥纳多刚到,韦罗基奥就十分着急地说:"列奥纳多,你现在跪下来给我看。我现在要画的是天使,你需要抱着天使一样的心情下跪,明白吗?"接着,韦罗基奥亲自摆了个姿势,让列奥纳多模仿。

列奥纳多按照他说的,在台上摆好了姿势。韦罗基奥聚精会神地盯着他看了半天,这才拿起笔,开始在纸上作画。不一会儿,他就画了好几张素描。他从其中选出了最中意的一张,再把它画到草图上。

平时老是板起面孔、严肃认真的师父,现在不知道怎么回事儿,竟然怀着轻松愉快的心情,十分和蔼。在一边调和颜料或清洗画笔的徒弟们,先是面面相觑,然后用一种奇异的眼光望望师父,又望望那个新来的少年模特。

韦罗基奥前一阵子接受了圣·萨尔宾诺教堂的请求,打算为它画一幅题为《基督受洗》的宗教画。虽然腹稿现在大致拟定,可是有一个问题却一直困扰着他,那就是在画中为受洗的基督捧持圣衣的天使,找不到适合的模特。

在人们心目中,天使是年轻、纯洁而天真、活泼的。这样的模特,一直没有找到合适人选。假如凭借着想象来画,更是不容易。这位名闻全城的韦罗基奥,感到束手无策。

谁也没有想到,就像天使下凡一样,列奥纳多突然出现在韦罗基奥的面前,这真是现有的、最适当的天使模特。

昨天,韦罗基奥之所以没有当面给庸俗无礼的皮耶罗难堪,而且还跟他客气了一番,完全是因为发现了列奥纳多这样一个难得的模特的缘故。

从此,列奥纳多开始天天出入于韦罗基奥的画室。

(从这里开始,在不致混淆的情况下,我们称"列奥纳多·达·芬奇"为"达·芬奇",因为这个叫法更为广大读者所熟知。)

画鸡蛋

即使还不是韦罗基奥的徒弟,达·芬奇也决定尽量利用自己在画室的这段时间,充分进行观察。碰到自己不当模特的时间,他就十分用心地看着大师作画。

画室中有十来名徒弟在工作,有的是帮忙调颜料,有的是帮忙涂刷底色;另外,也有年龄已经相当大、不久就可望出道的徒弟,就帮着师父绘制一部分的画。

"谁知道我昨天用过的那支笔在哪儿?这支笔不行,太硬了!"有一天,韦罗基奥将手中的笔生气地掷到地上,大声嚷嚷。

身旁的一名徒弟见师父正在生气,急忙说:"对不起,师父,您昨天用的是什么笔?"

"我说了昨天的笔,就是昨天的笔!"

这个时候,他的徒弟们开始手忙脚乱地到处找来找去,却不知道哪一个是昨天的笔。然而,达·芬奇很快地走到画室的一个角落,从插在笔筒里的一大堆画笔中,抽出一支白柳笔杆的画笔,交给韦罗基奥说:"师父,是这一支吧?您昨天用的就是这一支笔。"

"嗯!对!可是,你是怎么知道的?"

"因为师父用起来好像很顺手,所以我记得。"

像这样的事情,发生过很多次。韦罗基奥对达·芬奇的细心,总会很好地夸奖一番,可是始终没有表示过要收他为徒的意思。

达·芬奇开始自己想办法提高绘画技巧。他会利用空闲时间去参观各地教堂所保存的绘画、雕刻作品,回家后不断地练习作画。

这样,即使师父没有教他,可是他天天都能看到师父作画的过程,而且还有机会接触名家的作品,对他来说有莫大的帮助。

有一天,韦罗基奥拿来一个鸡蛋,往桌子上一放,吩咐所有学徒照着画,而且要一遍遍地去画,便去做自己的事儿了。

刚开始,达·芬奇还挺听话,照着鸡蛋认真地画,可没过多久就不耐烦了,他对师父说:"师父,为什么要我们一直画鸡蛋啊?到底什么时候才能画完呢?"

韦罗基奥严肃地对他说:"很多事情都没有那么简单。世界上没有完全相同的树叶,即使是同一棵树上的最相近的树叶,仔细观察之后你就会发现它们还是不一样的!"

达·芬奇惭愧地低下头去,因为他觉得师父说得很对。他受到了启发,就更加仔细地观察事物,认真、勤奋地练习绘画。

其后,达·芬奇每天都起得很早,在去画室之前要作好几个小时的画。同时,他随时随地都携带着素描簿,在路上看到了什么就马上画下来。

一天,韦罗基奥带着达·芬奇到市政厅去办一件事情,在回去的路上遇到了一位修道士。

"您好,韦罗基奥大师,"修道士挺着大肚子,笑眯了眼,"真是巧呢,我正打算去找您。我有一个朋友叫解路里尼,他拜托您替他太太画一幅肖像,不知道您方不方便?"

"我还不知道他要我怎么画,等到见了面再说吧。"

"但是对方很着急,明天早上就开始怎样?"

"行，那就让他明天早上 8 点钟来好了。"

韦罗基奥刚一回到家，用人就交给他一封信说："这是美第奇老爷家派人送来的。"这封信是由洛伦佐·德·美第奇亲自所写，是邀请韦罗基奥明天早上 8 点钟前往他家洽谈的束帖。

美第奇家族是佛罗伦萨很有名气的大财主，每一代都是大银行家。只要是住在这个城市里的学者和艺术家，大都曾经受过美第奇家的恩惠。对韦罗基奥来说，美第奇也算是他的东家，所以，对当家主人的邀请，是没有办法拒绝的。

"太不巧了，明天早晨 8 点，有一位修道士要带客人来。而且这个时间是我自己定的，我不想让他们白跑一趟。可是，美第奇家的邀约也必须要去的，这下可怎么办？"韦罗基奥拿着信，一时没了主意。

"那我去帮您找那个修道士，让他改天再来？"用人自告奋勇地说。

"但是，我忘记了那位修道士的名字，要去找他也无从找起。"

"那他是哪个修道院的呢？"

"是第尔·菲奥雷修道院的，我记得我在那个教堂见过他好几次。"

这个时候，在旁边默默地听着两人讲话的达·芬奇，忽然插嘴说:"师父,让我去第尔·菲奥雷修道院去找那位修道士好不好?"

韦罗基奥听见达·芬奇的话,大声笑了起来:"你这孩子,你大概不了解第尔·菲奥雷修道院的情况,所以才这么说。那修道院有 400 个修道士,并且修道院实在太大了,你要找到刚才见过的那位修道士,绝对不容易。"

"没事儿的,师父,我已经有办法了。这事儿就交给我吧。"

"有意思,好,我不知道你有什么办法,但是也不妨试试看。假如见到那位修道士,你就说请他把来访的时间改到下午 2 点好了。"

"好的。"达·芬奇胸有成竹地走出了韦罗基奥的家。

"这个小家伙吹的牛皮,看看自己能不能圆上。"在达·芬奇走后,韦罗基奥笑着说。可是,假如达·芬奇没有找到人,事情也不是闹着玩的。

等了一个钟头左右,达·芬奇笑嘻嘻地回来了:"师父,我回来了,那位修道士的名字叫摩瑞基。"

"是的,正是弗拉·摩瑞基!"韦罗基奥激动得跳了起来,"你果真见到摩瑞基了?"

"是的,我把您交代的话告诉他了。"

"十分感谢,达·芬奇,这样我就放心了。但是,你到底

是怎样找到摩瑞基的？是不是找遍了整个第尔·菲奥雷修道院？"

"当然不用这么费劲。当我碰到第一个修道士,他告诉我说要找的人就是弗拉·摩瑞基。"

"什么？我不懂你说的是什么意思。你是用什么方法让对方说出摩瑞基的名字的？"

"师父您看下,我是拿这个给他看的。"达·芬奇取出了一本素描簿。

"这是什么？"

"您看一下,我凭着记忆把刚才那个人画了下来,随后把这幅画拿给我碰见的第一个修道士看,他马上就告诉我了。"

是的！韦罗基奥看到,这幅画竟然和摩瑞基真的是一模一样。

"达·芬奇,我之前真的看错你了。你才是我的徒弟,而且是我最重要的徒弟！"韦罗基奥激动地说着,竟然一把抱住了他！

从那时开始,达·芬奇成了韦罗基奥真正的入室弟子,而且还住进了他的家中。

帮师父完成《基督受洗》

时间过得飞快，一转眼，很长时间过去了。

韦罗基奥对达·芬奇的器重要远远比对其他徒弟的深，而且对他的教导也特别亲切、仔细。

看到达·芬奇与日俱进的技艺，韦罗基奥总是欢喜赞叹，一再地表示："达·芬奇实在太了不起了！"

不过，那些比达·芬奇年长，而且比他早来好几年的徒弟们，就开始嫉妒他了。

"达·芬奇这家伙，真是够骄傲的。""对啊，他只是我们的后辈，但是分配到的工作却比我们的要重要得多。"他们总是这么非议他。

当然，做徒弟的，都是苦多乐少。他们每天都是调颜料或者扫地抹桌，或者做些杂七杂八的琐碎事情。学徒熬过了许多年，最后才有机会当上师父的助手，开始执笔作画。可是，达·芬奇却后来居上，最近还奉命依照师父的草图去绘制大件作品的一部分，这使得众师兄醋劲大发。

"师父总是把'公平'两个字挂在嘴边，他老人家不是经常说之前是贵族得势，现在贵族和平民都没有什么差别了

吗？"一个徒弟说。

另一个徒弟马上又说："话总是这么说。可是，现在竟然有了另外一种差别。"

"差别是什么呢？"

"就是有钱人和穷人的差别呀。"

"达·芬奇受这样的优待，恐怕就是和他家里有钱有关系。"

"那是自然，我们师父在有钱人面前只有低声下气。"

他们本来是在骂达·芬奇，现在却转而批评起师父来了。

"一定要早早将达·芬奇赶出这个画室，不然的话我们永远也别想出头了。"说这话的，是一个年近三十的男子。他因为画艺老是没有进步，最近曾被师父狠狠地责骂了一顿。

"但是，事情恐怕不好办，师父太疼爱他了。"

"我们可以慢慢来，总会找到机会的。"另外一个徒弟意味深长地说。

有一天，从圣·萨尔宾诺教堂来了一位修道士。

这位修道士见了韦罗基奥就开门见山地问道："上次请您作的画，应该已经完成了吧？"

"您是说《基督受洗》吗？这幅画还得需要一些时间才能完工。"

修道士一听，突然提高了嗓门说："那幅画可是早在三年前就托您画的，如今竟然还没有完成，您未免太不负责了！"

"您千万不要误会，我是要尽最大努力把这幅画作好，所以进度比较慢一些。"

"但是，我不能听了您的话就这样空手回去。我奉主教之命转告你，在复活节之前一定要把这幅画挂在祭坛上。"

"但是，从今天到复活节，只剩下一个星期了！"

"对，一个星期，也就是 7 天。"

"你这也太强人所难了，你们完全不懂艺术家的工作。你假如能够知道我们吃尽了多少苦头，就不会提出这种无理要求了。"

"我只想问，咱们到底是谁在提出无理要求呢？在这三年之间，我们教堂已经付出了大笔酬金，假如您还要把这份工作无限期地拖延下去，教堂可能会诉请政府出面裁决了。"

韦罗基奥无话可说，因为依照约定，这幅画早在一年前就应该交付了。

其实，达·芬奇第一次随同爸爸造访韦罗基奥的时候，被选用当模特的画，就是这幅《基督受洗》，这件工作确实已经进行了很久了。

韦罗基奥确实是一位与众不同的人。作为画家和雕刻家，他是佛罗伦萨最卓越的人物；除此之外，他对地理、历史和

天文学也有着浓厚的兴趣,和当时的一流学者常有来往。人家托他绘制的画,有时会受到研究工作的影响而一拖再拖。

"不管怎么样,请您一定要在一星期内画好。不然的话,教堂将采取适当的行动。请勿见怪。"修道士铁青着脸说完了话,转身就走。

这幅画其实已经可以完成了。像先前由达·芬奇充当模特的位于左边的天使,还有耶稣、约翰和另外一位天使,都已经画好了,就差背景部分的湖山风景还没有画好。

"所有的景物都应该照实画,不可单凭想象。"韦罗基奥经常这样告诫徒弟。

拿这幅画来说,风景固然只是画的背景,可是韦罗基奥还是一丝不苟,打算利用实景作画。他认为,距离佛罗伦萨约40千米的希莫尼湖,对这幅画来说是最好采景地,所以他决定抽空到该地去将它画入画中。

"教堂的人真是不讲理,可是约定的事情还是得遵守。时间不等人,我明天就动身到希莫尼湖走一趟。"韦罗基奥吩咐用人做旅行的准备,然后对达·芬奇说,"你跟我一起去好了。希莫尼湖景色不错,你也可以趁这个机会练习一下写生的技巧。"

达·芬奇觉得很难为情,这是因为,他上边有很多师兄,陪着师父出去写生旅行,照理应该轮不到他的。"他们绝对会在背后说我的坏话。"他心里虽然这样想,但师父的意思也不好推辞。

师兄们对达·芬奇的厌恶感与日俱增。这一段时间,他曾经发现自己的食物中有虫子,有一次突然从背后飞来一块石头,可是,他不敢声张,默默地忍受了下来。

第二天早晨,师徒俩骑上了马,起程前往希莫尼湖。

出门时天色还很晴朗,不料走到郊外的圣米尼亚都山丘顶时,突然变得阴沉,走了不到 10 千米,雨水就倾盆而下。

"师父,您身体还好吧?"

"还好,没关系。"

达·芬奇走过去一看,见到师父的脸色很差,吃惊地说:"我们还是回去吧,师父您脸色不太好。"

"不,现在回不得。既然来到这里了,索性赶完这趟路吧。"

韦罗基奥骑在马背上,不住地咳嗽着。达·芬奇脱下了自己身上的外套,披在师父的身上,继续催马向前。

到了下午,他们到达了湖畔的旅舍。韦罗基奥下马的力气都没有了,他双手搭在达·芬奇的肩头,有气无力地艰难行走着。

"老板,赶紧生火!"达·芬奇慌忙吩咐出来迎接的旅舍主人,随后扶着师父躺在了炉旁的椅子上。

韦罗基奥全身都已经冰冷。炉火很旺,室内渐渐地暖和

了起来。过了一会儿,韦罗基奥才缓缓地睁开眼睛。

"师父,您终于醒过来啦!"

"嗯,达·芬奇……"

"太好了,您快喝下这个。"他一边说,一边把老板送来的血红色葡萄酒灌入师父嘴里。

"您到床上好好休息吧! 我把您的衣服拿去烘干。"达·芬奇和老板两人,合力把韦罗基奥扶上床。

韦罗基奥一直迷迷糊糊地睡到傍晚,到了晚上又开始发烧,一会儿呻吟,一会儿说梦话。在这样偏僻的山间,附近又没有医生,达·芬奇只好用布片蘸着冷水敷在师父额头上,整整忙了一晚。

第二天,是碧空如洗的好天气。

窗户外边有一片广阔的湖面,在旭日之下,光彩焕发。湖水四周的山头,透过湖面上氤氲的雾气,隐约可见。以这样的景色作背景,用来衬托宗教性的主题,实在是再合适不过了。

韦罗基奥终于醒过来了。

"师父,您觉得好些了吗?"

"好多了,达·芬奇。昨天多亏有你在。"说完,韦罗基奥挣扎着要起床,但他只动了一下就马上又躺了回去。

"真是不巧,还是不可以呢。我本来计划今天写生,明天就可回去。"

"这样有些勉强。不如让我回去告诉教堂的人，请求能够放宽一下交画的期限。"

"我们现在不要这么做了。既然已经决定了，今天不管怎么样都要把这件事情做好。"说完，韦罗基奥又睡着了。

下午韦罗基奥醒了一次，又开始发烧了。

"达·芬奇，你来一下。"韦罗基奥把达·芬奇叫到身边。

"师父您有什么吩咐？"

"我很想在复活节之前把那幅画交给教堂，可是，看情况是很难办到了。现在，我希望你替我做一件事情。你要把湖上的景色好好地画成素描，然后马上赶回佛罗伦萨，去完成那幅画。"

"师父抬爱，我万分荣幸。但是，在同门之中，还有很多师兄在，假如我这样做，恐怕对他们太失礼了。"

"这都没关系。你现在得马上开始工作。如果你怠慢了，那就是犯了对师父的不忠之罪，懂了吗？"

既然师父已经这么说了，达·芬奇再也没有办法推辞了。

"为维护师父的名誉，这次一定要竭尽全力去做。"达·芬奇答应了师父的要求，随即去找旅舍的老板，请他代为照顾病人，随后，独自登上了可以俯瞰湖水的小山。

达·芬奇在山上一直写生到天黑，回到旅舍后就拿给师父看。

"这样的话就没问题了。你带着这个,明天一早就走,回到佛罗伦萨以后,叫另外一个人到我这里来。你要在复活节之前把那幅画完成。到那个时候,我的身体应该也复原了。"

第二天早晨,达·芬奇离开了湖畔旅舍,一路快马加鞭,当天就回到了佛罗伦萨。

达·芬奇的师兄们见到他独自一个人回来,都围拢在他的身边,异口同声地问:"师父怎么了?"

师兄们听达·芬奇把事情讲完,又得知他已奉命代替师父执笔作画时,他们胸中郁积已久的愤怒,顿时爆发了出来。

"师父也真是的,竟然叫这个乳臭未干的小孩子修补《基督受洗》,真是太不像话了。假如把一幅拙劣的作品交给教堂,那真是丢尽我们画塾的脸了。师父到底把我们看成什么了?"

"当然,可恶的是达·芬奇,他不应该越俎代庖,抢在我们前面接受这样重要的工作。就算是师父的命令,他也应当顾到自己的身份而婉言辞退才对。"

这些人不仅不关心师父的病情,而且公然指责起韦罗基奥、达·芬奇两个人来了。

但是,达·芬奇已经下定决心,不管师兄怎样咒骂,也要把师父交代的任务完成。在他们推派了一个人前往希莫尼湖照顾师父之后,他就静下心来,开始对师父的《基督受洗》作最后的修补。

第二天,达·芬奇画了一整天。达·芬奇对师父的画风十分了解,在作画时特别注意使自己所画的部分和师父的原作尽量保持调和。一天的工作结束后,他再仔细地浏览全图,觉得成绩还算不错,这才放了心,当天晚上早早上床就寝了。

第二天早晨,达·芬奇走进了画室,准备继续工作。当他揭开覆盖在画布上的布片之时,竟然失声叫了出来。他不敢相信自己的眼睛了。

平时遇事儿总是能保持冷静而从不判断错误的达·芬奇,现在却茫然若失,呆呆地看着画布。

原来,韦罗基奥以达·芬奇做模特画成的那位手捧圣衣的天使像,已经被人刮除了。

师父费了那么多心血,怀着无比的喜悦所创造的天使像,竟然遭到无情的毒手。

这真是太让人伤心了!交画的期限马上就要到了,而现在竟然发生了这种事儿!达·芬奇用了很长时间才平静下来,深深地觉察到事态的严重。

"不管是谁下的手,都让人觉得卑鄙!"

达·芬奇觉得很不甘心,可是他也很清楚,既然师父把这

件事情托付了他，那么，在这幅画还没有完成并依约交给教堂之前，一切的责任都必须由自己一个人来承担。

"什么都不必说了。别人的非议暂时放在一边，我要靠自己的力量来应付这个难关。"他想着。

于是，他找出了当年师父以自己做模特所画的几张素描，钉在墙上，同时将一面镜子摆在画布旁边。他一边望着镜子里的自己和墙上的素描，一边动手描摹天使的画像。

这是一项艰苦的工作。但是，他一开始作画，却发现下笔如有神助，好像是师父的灵魂附了身一般。渐渐地，画面上开始显出天使的形象。

他画的正是几年前的自己。就在第一次拜访师父那一天，达·芬奇受到师父的赏识，第一次当了模特。那个时候的他，既兴奋又满怀希望。到了现在，达·芬奇面对着当年自己的画像，回想起那段往事，下笔似乎更加有力了。

不知不觉，夜幕降临，达·芬奇仍然守在画架的面前，没有离开。一方面，他是怕那些不怀好意的师兄们再来搞鬼，而另一方面，是因为在画像中重新发现了昔日的自己，使他对这幅画感到难舍难分。

他在地上躺着将就睡了一觉，第二天一早醒来，他感觉精神抖擞，于是继续加紧作画。

就这样，一天天地过去了，而《基督受洗》总算完工了。

韦罗基奥、达·芬奇《基督受洗》

　　达·芬奇放下了画笔，身子向后退开，把视线转移到整个画上。似乎，整幅画都散放着灿烂的光彩，而现在他的心里也充满了完成任务的喜悦。

　　这个时候，大路上响起了马蹄声，由远而近。到了屋前，

马蹄声停止了。

"是师父回来了!"外面传出弟子们的声音。

随后,传出了韦罗基奥说话的声音。达·芬奇正准备打开画室的房门时,韦罗基奥在五六名徒弟的簇拥下出现了。

"达·芬奇,画是不是作好了?"

"是的,师父,刚刚完成。您的身体好些了吗?"

"现在好多了! 现在快点带我去,让我看看你的表现吧。"韦罗基奥笑着说。

韦罗基奥走进画室,在画架面前站定。他刚看了一眼,脸色顿时大变:"这是谁弄的? 这是什么情况!"

整个画室内顿时鸦雀无声。

"你们有人把我的天使像改画了吧!"

众师兄面面相觑后,不约而同地偷看着达·芬奇。

"到底是谁做的,说呀!"

"师父,"达·芬奇挺身站到师父面前,"是我,是我把师父的画改了。"

"原来是你。"师父点了点头,视线从达·芬奇脸上移开,再次落在画面上。

时间一分一秒地过去了,达·芬奇的师兄们都抱着幸灾乐祸的心情等待着师父的下一句话。他们相信,师父在盛怒之下,必然会下令将达·芬奇逐出师门。

"达·芬奇，"韦罗基奥转过身，走到达·芬奇面前，伸出双手抱住了他的肩膀，"实在是太感谢你了，经你这么一改，这幅画变得更完美了。任何人都看得出来，这幅画最出色的部分就是左边的天使像。通过这幅画，我就知道，你将来一定能够和我齐名。为了你的前途，我们去庆祝一番！"

声名远扬

交画的时间到了，他们终于把《基督受洗》按时地交给了圣·萨尔宾诺教堂，在复活节的祭坛上悬挂出来。

"实在是太妙了！这么逼真动人的画，我还是第一次看到。"

"嗯，最逼真的是左边的天使，画得真是生动，就像是在什么地方真的有这样一个孩子呢。"

"哦！据说那天使的像，是韦罗基奥大师的一个徒弟画的。"

"他这个徒弟叫什么名字？"

"好像是叫达·芬奇，是个年纪很小的少年呢。"

就这样，消息不胫而走。没过几天，达·芬奇的名字已经传遍了佛罗伦萨城。

现在，达·芬奇已然是成名的画家了。

在这之后不久，达·芬奇结束了学徒生涯，走出了韦罗基

奥画塾,正式加入了佛罗伦萨的画家协会,而他的师兄们再也不敢欺负他了。向他求画的人蜂拥而至,让他应接不暇。

就在这个时候,城里传出了消息:米兰公国的卢多维科·莫罗大公,即将前来佛罗伦萨访问。

在那个时代,意大利境内有许多小国,它们表面上好像是和睦相处,暗地里却各怀鬼胎,随时找机会扩大自己的领土。

米兰是在意大利北部的一个强国。米兰的领主是卢多维科·斯福尔扎,但是很多人都叫他卢多维科·莫罗。莫罗,意思是"黑炭"。卢多维科·莫罗这个人,不但脸黑,而且心也很黑。他是毒死自己的侄儿后取得权位的,可以说是声名狼藉。可是,这个人拥有强大的兵力,是个善于用兵的谋略家,所以人们都十分惧怕他。

如此可怕的人物,不知道为了什么要专程来访,假如不好好招待,结果不堪设想。所以,整个佛罗伦萨为了准备迎宾,忙得不可开交。

有一天,衙门的使者带了一封公函来到韦罗基奥家。公函的内容是让他出席欢迎米兰大公的筹备会议,共商大计。

到了指定的日期,韦罗基奥应邀前往市政厅。当然,会场上冠盖云集,有贵族、将领、政治家等,就连佛罗伦萨最有钱的洛伦佐·德·美第奇也来了。

美第奇家族历代显赫，百姓对他们家族深表信任，并且，现在的当家主人洛伦佐还是一位有学问、懂艺术的人。所以，类似今天这样的会议，他无可避免地要担负起重要的责任。

在会议进行当中，美第奇对韦罗基奥说："大师，在这次的欢迎宴席上，我想请达·芬奇担任一项重要工作。"

韦罗基奥大惑不解地说："达·芬奇？这是为什么？您是说我的徒弟达·芬奇吗？"

"对，就是画家达·芬奇。"美第奇十分严肃地回答。

"达·芬奇又能在宴席上表演什么呢？"

美第奇听了之后，禁不住笑了起来："这么看来，韦罗基奥大师您也有些孤陋寡闻了。"

"这到底是什么情况？我越听越糊涂了。"

"您还不知道吗？达·芬奇也是一位弹竖琴的能手啊！"

"什么？竖琴？这是真的吗？"

"当然是真的！"

当大家听了他们的对话，都忍不住笑了起来。韦罗基奥也为自己的话感到很羞愧，他也跟着大家笑了起来。

其实，达·芬奇不知道在什么时候竟然学会了弹一手好竖琴，听说他还会自己填词作曲，自弹自唱。

这种新闻，马上又传遍了整个佛罗伦萨城。

受到美第奇家族的器重

米兰的领主卢多维科·莫罗,带领着 200 名随从,昂首挺胸地来到佛罗伦萨。

佛罗伦萨的每一条街道都用鲜花装饰着,广场上燃起了焰火,用来迎接这位贵宾。

迎接这位米兰大公的宴会,就在郊外高地上的美第奇家族的别墅中举行。从傍晚开始,就有一批批衣着华丽的绅士淑女涌向这幢别墅。等到夜幕降临的时候,很多宾客的谈笑声、酒杯交碰声,响彻了整个大厅。

米兰大公端坐在正面席位上,他的黑脸被酒气熏得黑里透红,在美第奇夫妇左右夹攻式的殷勤招呼下,他不断拿起酒杯往肚子里灌酒。

等到酒喝得差不多之后,担任司仪的绅士上前致辞说:"为了表示对米兰大公的欢迎,本市的画家达·芬奇,此刻用竖琴自弹自唱一首自己作的歌曲。"

当司仪介绍完毕,他背后出现了一位身穿黑绸长袍、手持竖琴的俊美青年。

宾客们见到了气度不凡、英俊潇洒的达·芬奇,都立刻停止了谈笑,把视线集中在他的身上。

达·芬奇一边弹竖琴,一边动情地唱着自己谱写的歌曲。温柔的琴音伴着清脆的歌声,悠长而又有韵味,让人不知不觉陶醉其中。

在座的宾客都听得如醉如痴,好像忘记了身在何处。达·芬奇演唱完毕之后,余音绕梁。

从来都不懂风雅的卢多维科·莫罗,貌似对这支歌曲也感到莫大的兴趣。他招了招手说:"达·芬奇,请你过来一下。"

当达·芬奇走到跟前的时候,卢多维科·莫罗亲手为他倒了一杯酒,递给他。

"你是哪里的人?"

"我出生在芬奇镇。"

"听说你的本行是画家,可是我觉得你的音乐才能也很了得。"

"米兰大公,达·芬奇的才能还不只这两个方面,他对于科学、工业的造诣也很深。"美第奇在一旁插嘴说。

"这真是太了不起了!我现在正急需这样的人才。你考虑一下,愿不愿意到米兰去?米兰是个好地方啊。"

"是的,我正希望您能够赐给我这个光荣的机会。"达·芬奇回答说。

迎接卢多维科·莫罗的宴会,举办得十分成功。

卢多维科·莫罗在享受完了佛罗伦萨人的细致入微的招待之后,兴高采烈地回到了米兰。这一次的佛罗伦萨之行,他印象最深刻的,还是达·芬奇。他对属下说:"那个叫达·芬奇的青年,如果有机会的话,我一定要召他进宫。"

达·芬奇的竖琴演奏,不但让卢多维科·莫罗刮目相看,更是让洛伦佐·德·美第奇着了迷。

有一天,美第奇专门邀请达·芬奇到家里共进晚餐。

"达·芬奇,我有一件事情要麻烦你,"他说,"你知道我家里有不少的古代美术收藏品,我想聘用你来当我的美术顾问,帮我做收藏品的整理和研究工作。"

"谢谢您的抬爱。这样的工作,我求之不得。"

"那就好,就算你答应了。"

达·芬奇做了美第奇家的美术顾问之后,觉得这是天大的幸运。这是因为,美第奇家族收藏的古希腊、罗马雕刻,数量很多。

在欧洲长达一千多年的中世纪里,古希腊、罗马时代的裸体雕刻,都被视为违反天主教教义而遭受破坏,所以,中世纪的人想看一眼也没有办法看到。

幸好当时有一部分人对这种毁灭古代艺术杰作的行为深感痛心,他们为了使这些艺术品免于灾难而费尽心机。它们有的埋入了地下,有的藏匿在了寺院里的隐秘场所。

后来，随着自由风气的兴起，这些劫后余生的艺术品才得以重见天日，并成为万人争睹的对象。人们眼中的这个新时代，大概开始于达·芬奇出生前的一百年，它就是人们常说的"文艺复兴"时代。

在文艺复兴时代，艺术家们大都以古希腊、罗马的艺术品为蓝图，从事绘画、雕刻的创作。可是，诸如此类可以供他们模仿的古希腊、罗马时代的艺术品，在当时很不容易求得。

美第奇家族早在几代以前，就开创了尊重文学、美术和各种学问的传统家风。他们时不时会邀请希腊的学者过来讲学，而且不惜耗费巨资去搜集古代艺术作品。

美第奇家族把那些有名的美术家列为上宾，所以，如果能够与美第奇家族结交，可以说是前世修来的福气。因此，达·芬奇对自己被聘为美第奇的美术顾问一事感到十分高兴。

美第奇对达·芬奇说："我听说，你除了对艺术很有造诣外，还对天文、地理、军事、水利、土木、机械工程等有着浓厚的兴趣。我认为，你可以适当听听在我家开设的柏拉图学园课程，我觉得对你的研究工作会有所帮助的。"

美第奇所说的柏拉图学园，原本是指古希腊哲学家柏拉图（前427—前347）在雅典所开设的学校；现在，美第奇家的学园模仿柏拉图的这种形式，邀请了众多当代著名学者开课授课，或者一起讨论学术问题，借以促进学术的发展。

就这样，美第奇主动给达·芬奇创造了充分的机会，还给他介绍了许多学者认识。

在这些众多的学者当中，达·芬奇结识了著名的天文学家、地理学家，他们对达·芬奇教导有方，让他受益匪浅。

过了五六年的时间，达·芬奇的学问大增，成了名副其实的大学者。当然，他也没有抛下老本行绘画。

在这段时间里，他为教堂所绘制的几幅宗教画，更能让人感觉到他的非凡才华，诸如《受胎告知》《吉内薇拉·班琪》《三王来拜》等，都是震惊画坛的巨著。

达·芬奇《三王来拜》

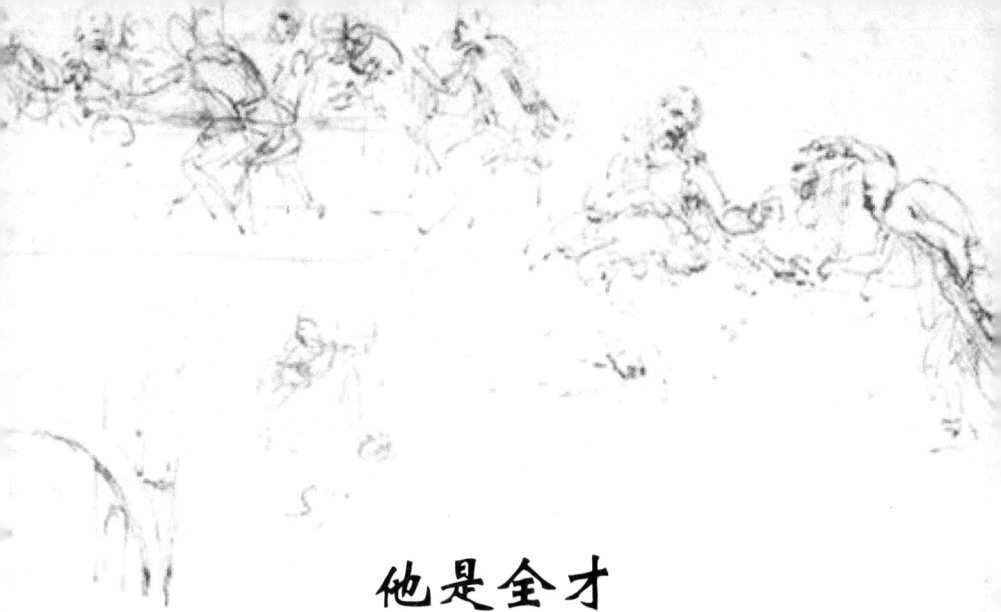

他是全才

投身武器创造

后来,美第奇对自己聘来的美术顾问达·芬奇越来越不满意了,因为达·芬奇最近热衷于机械工程等,而慢慢淡忘了自己的本职——绘画。

有一天,美第奇去达·芬奇的画室拜访他的时候,看到整个画室摆满了大件器械,而他正和几个工人在一起满身油污地忙着工作。

"达·芬奇,你什么时候开起铁铺来了? 这些事情你可以让工人去做,今天我来邀请你替我弹一曲竖琴。我打算一边听竖琴,一边把前一天写成的十四行诗念给你听。"

"实在对不起,先生。我此时正为了一项新发明忙得不可开交,实在是忙不开。我们以后再找机会好不好?"

美第奇听了达·芬奇这样冷淡的回答,突然皱起眉头,抬起手掩着耳朵说:"我最讨厌的就是打铁的声音,这简直就是噪音!"

随后,美第奇又问达·芬奇:"那个古怪的东西,到底是什么?"

"这个是大炮的炮管呀。"

"竟然是炮管！实在没想到！你想成为魔鬼的使徒吗？"

"当然不是了，这是用来击退魔鬼的武器。"

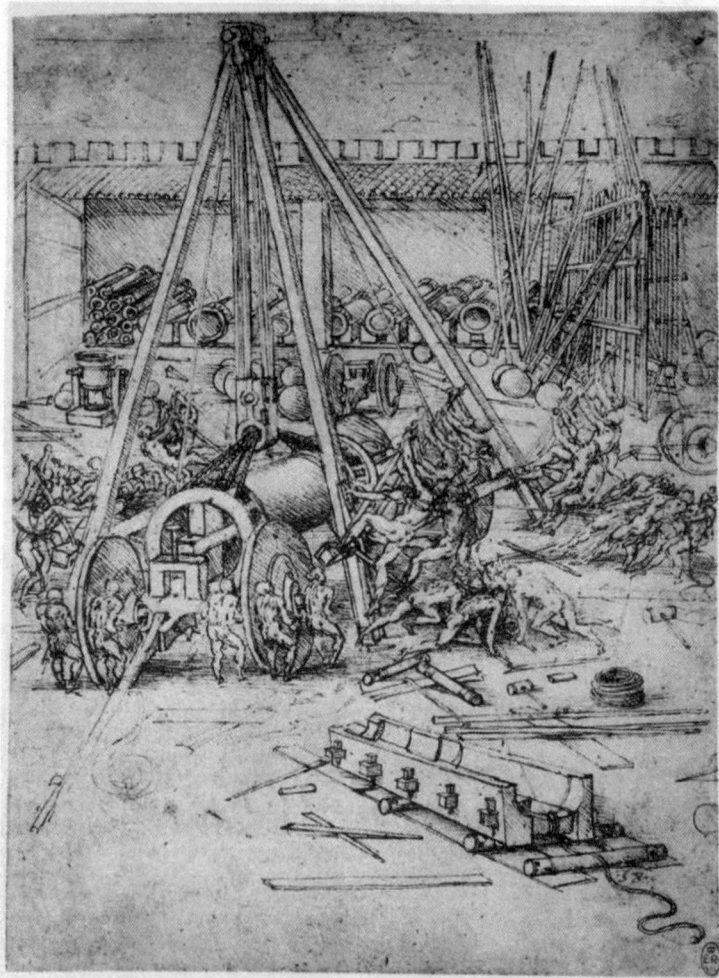

达·芬奇《大炮铸造厂》

　　"我不喜欢战争。只有在和平的环境下,艺术才能够欣欣向荣。你是一个艺术家,为什么不做正经事儿,反而热衷于武器的制造呢?"美第奇开始对达·芬奇的工作进行指责。

　　"美第奇先生,请听我解释。您不妨想一想,假如拥有强大武力的敌人攻过来,我们不是马上就会遭受侵害了吗?既然这样,我们就应当以强于敌人的武力来迫使对方屈服,要不然和平是无法维持下去的。"

　　"可是,战争却经常是由这种思想引起的!"美第奇铿锵有力地说完这句话,就气愤地离开了。

　　在中世纪欧洲的很长时间里,战争仍是停留在使用刀枪的骑马战,直到后来,火药从东方传过来,步枪和大炮相继发明之后,才变成了集团作战。人们都在想办法消灭对方。

　　这是一个充满危机的时代。

　　美第奇是佛罗伦萨最具影响力的人,连他都不能理解达·芬奇进行的科学研究,其他人就更不用说了。

　　"佛罗伦萨连一个有胆识的人都没有。"达·芬奇心里这样想,越想越气馁。此后,他再也懒得向美第奇提出什么新的建议了。

　　时间就这样飞快地过去了。

　　一天夜里,达·芬奇家门口传来了一阵马蹄声,接着就听

到了很有力的敲门声。

用人回来报告说："有一位很魁梧的客人，说要直接和老爷面谈。"

"他的名字叫什么？"

"他说是见了面再讲。"

不一会儿，客人被请进来了。

客人是一位武士，身着斜纹绸衫，外面套着皮夹克，胸前还缀着宝石的饰物。

"我叫安卓尼，是米兰公国的武士，"他恭恭敬敬地向达·芬奇自我介绍说，"我是奉了大公的命令，专诚从米兰来的。"

"大公找我有什么事情？"达·芬奇对客人让了座，就等着他继续说下去。

"大公在上次来访的时候，听到您所弹奏的竖琴，至今一直怀念在心，现在已经决定诚聘阁下为米兰公国的宫廷乐师，希望您能赏个脸。"

"原来是这样。我确实是在大公面前弹奏过竖琴，不过那是很久之前的事儿了，他竟然还记得我，实在是太荣幸了。大公要我去，主要任务是替他奏乐吗？"

"是的。"

"他这么赏识我，真是不敢当！但是，我个人也有一个请求,是不是容许我说出来?"

"请您尽管说。"

"弹奏竖琴,只是我的兴趣罢了;而我的本行,是绘画和雕刻。而且,不是我自夸,现在我可以说是整个意大利首屈一指的新兵器发明家。同时,我对于开发土地、增进国家资源这方面的工作,也有相当的抱负。假如米兰大公在这方面的事情也用得着我……"

忽然,武士挥手阻止达·芬奇说下去,小声地跟他说:"这种事情不要张扬。但是请您放心,我们大公十分英明,您的才干绝对不会白白浪费的。事实上,他对您早已有了充分了解,这才要求您出马的。"

"既然这样,为什么要以乐师的名义聘用我呢?"

"这就是大公的深谋远虑之处。假如我们用科学家、兵器发明家的名义邀请您过去,其他各国不免要用猜疑的眼光来审视我们,尤其是现在与我国交恶的法国,如果它知道了这件事情,原本紧张的局势必然会更加恶化。大公已经郑重交代宫廷的管事,在正式发表消息的时候,必须明确宣布是聘您来当乐师的。"

长时间以来,达·芬奇由于自己的研究不被佛罗伦萨的主政人重视而深感失望;现在,他对米兰大公的热诚礼聘,感到十分欣慰。

武士带着达·芬奇的书信回去了。没过几天,武士又捎来了米兰大公的口信:"一切照办。"

没过多久,达·芬奇告别了他在佛罗伦萨结交的几位要好朋友,悄无声息地赶往米兰。

这个时候,达·芬奇的内心充满了希望。

受聘到米兰

1482 年,达·芬奇受到聘请来到米兰时,刚好 30 岁。

名义上,达·芬奇是米兰大公的乐师;真实情况,别人就不知道了。现在,为了使各国相信其中并无内幕,他们必须要有一番掩人耳目的行动。

米兰大公决定开一次宫廷音乐会,邀请各地的乐师前来参加,大家来个音乐演奏竞赛,凑凑热闹。

那天晚上,达·芬奇带了一架形状怪异的竖琴出场。它是用纯银制成的,整体的形状如同马首,有三条弦从门牙通到喉咙。

"快看,这是什么可怕的乐器?"贵妇们不禁皱起了眉头,注视着达·芬奇的手。

过了一会儿,乐声初起,达·芬奇轻拨琴弦,那美妙的旋律从指间泉涌而出,把在场的听众引入了梦幻之境。

达·芬奇为了能使金属的材质和乐器的形状调配得当,创造出最佳的音响效果,就自己动手制成了这架竖琴。与此同时,他为了引起注意,故意把形状做得很奇特。

当达·芬奇奏完乐曲之后,聚集在大厅中的妇女们这才如梦初醒,一个个异口同声地赞叹说:"真是太美妙、太动听了! 想不到这么丑陋的乐器也能奏出这么美妙的音乐。"

于是,达·芬奇得到了这次竞赛的冠军,从此开始了他在米兰宫廷中的风雅生活。

"达·芬奇,我想请你塑造一尊先君的铜像,作为你来到这个宫廷后的第一件工作。"米兰大公向达·芬奇提出了工作的要求。

前面提到过,米兰大公的外号叫作卢多维科·莫罗,其中莫罗也就是黑炭的意思。他的脸黑得像非洲人,巨大的鹰钩鼻几乎占了半张脸,两只眼睛射出慑人的光芒,确实是一张令人望而生畏的凶煞脸。

"先主弗朗西斯科大公,是米兰公国的名君。我为了使他的英名与米兰公国同样永垂不朽,决定要替他建立一座全国都未曾见过的雄伟铜像。"

"遵命,我会尽力完成的。"达·芬奇彬彬有礼地弓着身

子说，"有关这座铜像的制作，您还有什么吩咐？"

"要越大越好。"

"什么？越大越好？"

"而且，要做成自古以来无人能比拟的巨像。"

"然后呢？"

"要表现出他的雄壮、威武、勇猛的气概，让任何人看了都不敢接近。"

但是，卢多维科·莫罗所要求的威猛而令人生畏的铜像，到底是怎样一种形象呢？达·芬奇花了很多时间思索这个问题。有些时候，他走在路上，脑子里还是在想铜像的问题。

卢多维科·莫罗之父弗朗西斯科，有着巨人般的体格，同时力气也很大。听说，只要他一瞪眼，胆子小的人就会两腿发软，吭都不敢吭一声；而且他还擅长马术，再桀骜不驯的马，他都有办法让它就范。……达·芬奇听到过这些传闻，灵机一动，想到了骑马像。

骑马像的作品，早在罗马时代就已屡见不鲜。达·芬奇的师父韦罗基奥，在前几年曾受威尼斯公国之托，雕塑过柯里奥尼将军的骑马像，达·芬奇在师父的画室中也见过一次。可是，在昂首直立的马背上勒紧缰绳的骑马像，却从来没有人尝试过。

达·芬奇想：那种姿势的骑马像，还没有人塑造过，并且很符合卢多维科·莫罗所提的要求。但是，马的动作必须表现得生动逼真才行。

于是,他开始到街上各处走动,注意观察马匹的动作。

有一天,达·芬奇照常在米兰的街头走着。拐过宫殿前面的大道,有一条小商店街,这里在白天是主妇们群集购物和闲谈的地方。

突然之间,街上响起了嘈杂的声音。有人在大叫:"快闪开,危险!"

还没说完,马蹄声渐渐地由远而近。路人都惊慌失措地纷纷躲进路旁商店内。这时,从空荡荡的街道那一头,一匹马风驰电掣地冲了过来。

马背上有个男子,弯着腰贴在马脖子上,拼命地用力勒紧缰绳,但是,马却不听指挥,反而越闹越凶。

达·芬奇一眼见到马向这边跑过来的姿势,大喜过望,这正是骑马像的现成模特!于是,他站在街道中间,不管那匹马正以疾如流星的速度向他接近,兀自拿出素描簿,画下了马的姿态。

马跑到达·芬奇跟前不远时,一下子恢复了平静。马背上的人跳下马,摘下帽子,走近达·芬奇,恭恭敬敬地行礼说:"实在不好意思!刚才实在是很危险,我差点就闯祸了。"

"哪里,其实我应该谢谢你!因为我最终画下了马儿奔腾时的那种气势。"

达·芬奇《骑马像草图》

"原来是这样。像您这样不顾生命危险,一心要追求真实之美的精神,确实是大师的风范,达·芬奇先生。"

"哦,你知道我的名字?"

那个人又恭恭敬敬地低头行礼,然后说:"请允许我做个自我介绍。我叫萨拉依诺,是米兰的画家。"

"啊!你也是一位画家。真是太好了,我们交个朋友吧。"

"这真是高攀了,我只是一个无名小卒,哪有资格跟您论交呢?您的大名真是如雷贯耳,我一直巴不得有机会到先生门下学艺。假如您不嫌弃的话,就请收下我这个徒弟吧。"

萨拉依诺很年轻，长得也很老实，有着一头秀发，而且他的言谈举止都很风雅，看起来是个心地善良的青年。

达·芬奇有着一种特殊的本领，能够一眼就看穿人心的善恶。"这个人应该不错。让他当我的助手，应该没有问题。"达·芬奇考虑了一下，就对萨拉依诺说："我看行，那你从今往后就跟着我好了。"

气势恢宏的"骑马像"

自从达·芬奇得到骑马像的灵感之后，他快速展开了骑马像的制作。他付出了卢多维科·莫罗所无法想象的苦心，而且在人力和经费方面的耗费也十分巨大。

铜像真的太庞大了，光是马的高度就有 8 米。连那好大喜功的米兰大公看了达·芬奇的设计图，也不免大吃一惊。

达·芬奇在新来的弟子萨拉依诺的协助下，从骑马像的原型制作开始着手。

果然不出达·芬奇所料，萨拉依诺是一位踏实淳朴的青年，他做起事儿来又勤快又细心，对达·芬奇也十分忠心。

更为难得的是，由于爸爸是以养马为业，所以萨拉依诺从小与马为伍，无形中也得知了许多有关马的知识。

　　"师父,我爸爸之前也替弗朗西斯科大公养过马。我想,您可以和我爸爸谈谈,也许对您的工作有点帮助。"

　　随后,萨拉依诺带着师父回家去见爸爸,让爸爸把当年亲眼见过的弗朗西斯科大公与爱马的故事一一说给师父听。

　　就这样,骑马像的原型终于完成了。

达·芬奇《骑马像》(模型)

达·芬奇设计的铜像实在是太大了，竟然没有一家铁铺肯承揽这项工作，因为他们没有可供熔解大量青铜的炉子，达·芬奇只好自己动手设计大型熔矿炉。

他设计的炉子，不但构造庞大，而且还有很多独创性的改良。为了要得到熔解金属所需要的高温，他想出了一个妙法，就是在烧炉火的时候，先将煤炭用水弄湿，使水蒸气和火焰混在一起，借以产生高温，同时，他还装置了一套特殊的风箱。

虽然骑马像的原型已经制作好了，可是关于铸造方法的研究却意外地费时间，卢多维科·莫罗为此十分焦急。

"达·芬奇，铜像弄好了没有？"卢多维科·莫罗似乎等得不耐烦了，亲自跑到达·芬奇的工作场询问。

"您可以自己看。我刚刚完成了熔矿炉、风箱的设计。"

"你在做什么呢！熔矿炉、风箱？这些东西交给铁匠去管好了，你还是赶快铸造铜像吧。"

"可是，如此大的铜像，铁匠都说从来没有铸过。为了这些设备，我真是费了不少心血呢。"

卢多维科·莫罗听达·芬奇这么说，脸色十分难看，嘲讽地说："我之前也听说过你工作进度很慢，却没有料到会慢到这种地步。"

"好事多磨。"达·芬奇也不甘示弱地回敬了一句。

没过多久,纪念弗朗西斯科大公的节日就要到了。卢多维科·莫罗召来了达·芬奇,下令说:"假如铜像还没有造好,就先把已经完成的骑马像原型摆出来吧。"

达·芬奇奉命,马上督促石匠,在宫殿前面的广场上筑起一个台座,把马的原型安置上去。节日的当天,从全国蜂拥而来的百姓,见到广场上的石膏马像,都不约而同地赞美道:"这真是太完美了!简直是活着的马!"

识破冶金术师的诡计

弗朗西斯科大公的节日过后,卢多维科·莫罗为了让全意大利的人都知道他所统治的米兰公国比其他任何一国都更富强,就在宫廷内举行了一次盛大的酒宴。

随后还举办音乐会,之后又是舞会,几乎每天都有节目。达·芬奇虽然很忙,但也尽量抽出时间参加这些贵族阶级的社交活动。

达·芬奇现在是宫廷中的红人。

"假如达·芬奇大师不在场,即使是再好的宴会也会让人觉得索然乏味。"贵族们总是这么说。

有一天,宫中来了一位冶金术师,他要表演"点铅成金"的绝技。大家都在盼望着这项奇迹赶快出现。

在科学发达的今天,黄金也不可能从其他物质转变而来,但在15世纪的欧洲,这种无聊的把戏却有人相信。这类毫无科学依据的把戏之所以能够在社会上风行一时,是因为人们对金钱的欲望太强烈了。

"假如真的有办法变出金子来,不论要花多少时间修行,我都愿意当他徒弟。"有些贪心的贵族觉得这次机会难得,不免做起了发财梦。

那天,聚集在米兰宫廷大厅内的贵族们,看见地上摆了些稀奇古怪的冶金术道具和器物。

米兰大公登上了宝座,他的部下马上带来一位白发老翁:"各位,这位就是应我国之邀,远从亚历山大专程来访的冶金术师。他研究冶金术20多年,得到了其中的奥秘,可以说是世界上独一无二的冶金大师。今天晚上就由他在这里表演'点铅成金'的绝技,请各位认真观看。"

等那个人介绍完毕后,冶金术师向大家微微欠身,缓步走近那些道具说:"我认为,当下所流行的冶金术,其实大多数都是骗人的勾当。但是,我马上要表演的冶金术,并不是那种骗人的东西,而是实实在在的秘术。为了证明我不是在变把戏,请在座的各位观众仔细察看一下。"他指着面前的坩埚、风箱

和火炉等物,让贵族们一一加以检查。

"看完了吧? 假如有什么可疑的地方,请大家尽量提出来,不用客气。"冶金术师环顾着在座的人说。

"达·芬奇大师,你对科学很有研究,我希望你能仔细检查。这样,我们就可以相信这种技术了。"一位贵族说。

达·芬奇来到大厅已经很久了,可是他并没有走过去查看那些道具,只是孤零零地站在那里不动。

"嗯,这个主意不错。我们都忘了达·芬奇大师了。各位觉得怎样,我们请达·芬奇大师来检查如何?"这个时候有其他官员也表示赞成。

"哦,达·芬奇大师?"冶金术师顺着大家的目光看到了达·芬奇,朝他走了过去。

"我只是一个外国人,并没有听过大师您的大名,还望见谅。如果能得到您这位专家的鉴定,那是最好不过了。这里有白蜡、风箱、搅拌用的铁棍等,请您仔细检查一下吧。"

冶金术师拿了两件东西要递给达·芬奇,但达·芬奇却冷然回答说:"不必看了。"

"这是为什么? 您是不是对我有什么误会?"

"没有这回事儿。我想这些东西当然是不会错的,所以不必看了。"

"看来您果然有眼光,难怪大家都那么尊重您。连看都不用看,您就保证我的东西没有问题。"说完,冶金术师哈哈大笑起来。

贵族们见达·芬奇如此说,也就放心地等着看冶金术师的表演了。

冶金术师把坩埚放在正烧得通红的火炉上,再把铅块倒进去。过了一会儿,铅块熔成了液体。

"请大家看清楚,这是普通的铅。"冶金术师用钳子夹起了坩埚,放到了观众面前。不错,坩埚之内除了铅,确实没有其他东西。

"看清楚了吧?这是铅,对不对?"冶金术师又问了一次,随后把坩埚放回火炉上面,倒入了一些白色粉末。过了一会儿,他撕了几片香喷喷的红玫瑰花瓣加进去。

直到铅汁滚到不能再滚,把刚才放进去的白粉、花瓣都完全熔化了,冶金术师才向大家郑重宣布:"请过来看,我要开始了!"

随后,冶金术师拿着一根铁棍,让身旁的四五个贵族重新检查了一遍,然后插入坩埚里面开始拌搅。他一下子慢、一下子快地搅动着铁棍。

就这样,五六分钟的时间过去了。

"现在好了!"冶金术师用一只手抽出了铁棍,用另一只

手中的钳子夹起坩埚,放到一块大铁板上,把熔化了的铅汁一股脑儿倒了出来。

随着"嗤"的一声响,烟雾弥漫,还散发出一种难闻的气味。

没过一会儿,烟雾慢慢消失了,有什么东西在发光。

"真的是黄金!"前边有人高声叫嚷着,同时掀起了一阵骚动。

这个时候,在座的人争先恐后地向冶金术师身边围拢过来。

"啊!果真是黄金!""对啊!太厉害了!"赞叹的声音此起彼伏,不断地在大厅内回响。

"现在看到了吧?等一下冷却了,你们可以拿起来仔细看看。"冶金术师脸上露出得意的微笑,用充满自信的语气说着。

"真是太了不起了!冶金术师,我想请你留在宫中,你看怎么样?"卢多维科·莫罗走下了宝座,仔细看着黄金,然后对冶金术师说。

"请原谅我,殿下。我这一生唯一的愿望,就是海阔天空,自由自在地到处流浪。所以,您的好意,我心领了……"

话刚说完,卢多维科·莫罗大手一伸,抓住了冶金术师的手臂,大声地说:"你要多少钱尽管说,我照付就是。"

卢多维科·莫罗已经被黄金冲昏了头。他认为自己假如有了黄金,之后就可以随心所欲地挥霍享受,还可以把全意大利占为己有,实现梦寐以求的霸业。所以,现在他无论如何也要把这位冶金术师留下来。

可是,细细想来却很好笑。对一个身怀"点铅成金"绝技的冶金术师,竟然试图用钱去拉拢他,真是用错方式了。卢多维科·莫罗一心一意要黄金,竟然没有察觉自己所说的话多么有矛盾。

"您的好意我心领了。但是,我已经接受了法国宫廷的邀请,准备马上动身去那里了。"

"你说什么,你说是法国宫廷? 冶金术师,你至少也应该考虑考虑啊。假如你可以接受我的要求,你要什么,我就给你什么。地位、财富或者是学术研究的理想环境,哪个都行! 只要你说得出来! "

冶金术师微微一笑说:"好吧,既然大公这么热心……"

"这么说你同意了?"

"是……"

还没有等冶金术师的话说完,他的背后有人沉声叫道:"冶金术师! "

大家回头一看,说话的人原来是达·芬奇。

"刚才是您在叫我？"

"是的。"

"请问您有什么事儿吗？"

"我想看看你手中的铁棒。"

"您这是什么意思？您之前不是说过不必检验了吗？"

"我是这样说过。可是，我说不必检验，是在你没有用它之前；现在我想检查一下，是在用过以后的事情。"

"用过之前、用过之后，不是一样吗？"

"那可不一定，让我看一看吧。"

这个时候，冶金术师嘴里喃喃地不知在说些什么，还打算抗拒达·芬奇伸出来的手。

可是，说时迟那时快，达·芬奇已经抓到了那根铁棒。他把刚才冶金术师用来搅拌铅汁的那一端凑到眼前看了看，然后瞪着冶金术师大声说："冶金术师，刚才这根铁棒的末端是并没有孔隙的。"

"你在说什么？你这不是存心跟我过不去吗？"

"怎么会！我没有这个意思。不过，我所尊重的是真实。只有真实，才是知识的基础。所以，当看到有人在造假时，我就不能保持缄默了。"

"你说得很有道理。可是，你是根据哪一点说我造假了？"

"你这根铁棒，在末端预留的孔中塞着木片。当铁棒插入滚热的铅汁中时,木片就燃烧消失了,接着隐藏在洞孔里的金块掉到铅汁里去。是这样吧?"

被达·芬奇这么一说,冶金术师顿时脸色大变、浑身发抖,整个人瘫软了下去。

"原来我们大家都上当了!"有人说。

众人又开始骚动起来,卢多维科·莫罗、贵族们如梦方醒,恶狠狠地看着冶金术师。

致力城市规划

达·芬奇对周边的一切事物都观察得十分仔细,对那些没有亲自验证的理论也不会轻易相信。不管是绘画、雕刻或者是科学上的发明,他向来都追求务真求实的原则,所以,他做起任何事情,都会比别人花费更多的心血和时间。

可是,这样的情况,让生性焦急的卢多维科·莫罗很不耐烦。

有一段时间,米兰宫廷在经济上正遭遇很大的困难。一方面是由于卢多维科·莫罗生活太过奢侈,另一方面也是由于人民普遍贫穷,无法征收更多的税金。

有一天,卢多维科·莫罗对达·芬奇提出了这么一个问

题:"达·芬奇,你有没有什么好办法可以让我们这个国家更加富强?"

"我是这么认为的:这个国家大部分是属于沼泽地,既不适于耕种,也没有交通之便;假如要让国家富强,首先得利用土地兴办产业才行。"

"那么,沼泽地带要怎样才能利用呢?"

"开辟水道。利用水道来排除多余的水,这样可以让沼泽变成良田。当田地需要水的时候,就从水道引水灌溉。有了可供耕作的土地,居民自然会增加,所生产的作物也可以利用水道运到都市销售。"

"可是,这些土地有山有谷、高低不平,在这种地方开水道不会有困难吗?"

"这样的问题,如果好好地规划一番,应该是能够解决的。比如说,我们可以在水道上的适当地点设置闸门,随着船只航行的需要,或开或关,这样就可以保持不同的水位了。"

之后,达·芬奇向米兰大公提交了水道的设计图。此外,关于土地开发的问题,他也提供了很多意见和设计蓝图。

像达·芬奇所说的这种开闭式闸门的设计原理,在400多年后才由美国人在巴拿马运河的工程上首次运用。从这里可以看出,这位天才的构想真是出奇地先进。

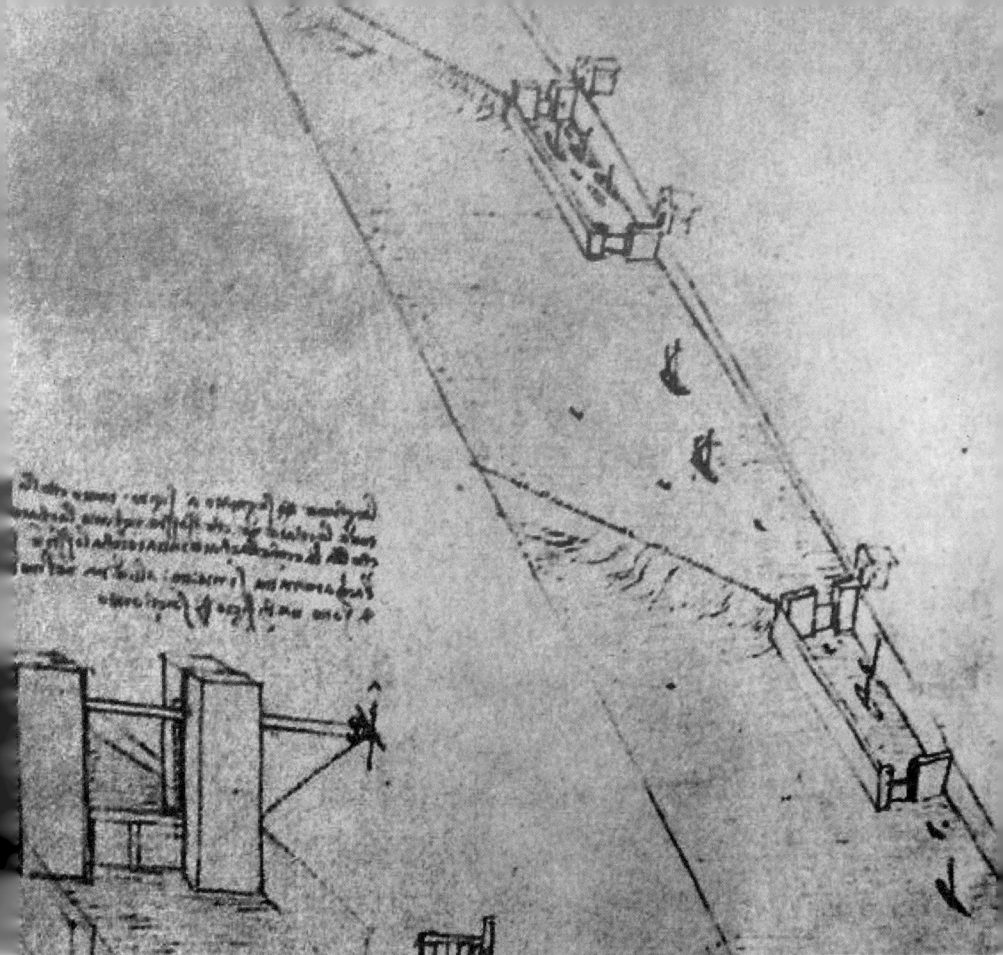

达·芬奇《河上船闸图》

　　达·芬奇在田地的灌溉设施方面,也有着十分伟大的发明。

　　比如说,有些河流比较小,流量不足,他就将河流的某一段水面弄窄,让流速加快,利用水力来推动水车。他又在水车上面装了很多水桶,当水车转动的时候,水桶就把河水从低处送往高处,并自动地流入田地里。

达·芬奇还发明了另外一种装置,它由大小两个水车组成,先用水力推动小水车,再利用齿轮推动大水车,把水汲取上来。

可是,卢多维科·莫罗想要的是富国强兵政策,他是为了实现自己的野心,以及追求奢侈的享受,根本不是为了改善人民的生活,所以他当然不愿意在这方面花费太多钱。

"达·芬奇的设计,花钱又多,还耗费时间。"卢多维科·莫罗经常对周围的人抱怨。

"正是这样啊!达·芬奇真会花钱,也不想想国内现在的情景。我看他是个十足的梦想家。"一些趋炎附势的人也随声附和。

除此之外,卢多维科·莫罗更不希望看到自己的威望被别人盖过,所以,他见到达·芬奇受到大家的尊敬时,心中早有打算了。

惊世之作《最后的晚餐》

1495 年,就在达·芬奇 43 岁这一年,米兰大公卢多维科·莫罗让他替圣·玛利亚·德拉·格雷契修道院的餐厅绘制一幅壁画——《最后的晚餐》。

在那个时候的欧洲,从王公贵族,到贩夫走卒,绝大部分人都信天主教。假如一个人不是天主教徒,他就会遭受到全体同胞的排斥,从而无法在社会上立足。在天主教的深远影响之下,绝大部分建筑、绘画和雕刻艺术的经典之作,都不可避免地带有浓厚的宗教色彩。

当时,意大利是全欧洲最繁荣的地区之一,不论是在艺术、文化或者宗教方面,都居于领导地位。卢多维科·莫罗野心勃勃,自然希望自己的领地内拥有雄伟壮丽的教堂,而且教堂里要有绘画和雕刻杰作,能够让全欧洲的人都心向神往。因此,当他决定请达·芬奇绘制修道院的壁画的时候,口气竟然出奇地和蔼。

卢多维科·莫罗说:"你要多少酬金都可以。请你务必画出一幅在世界上数一数二的名画。全权拜托给你了。"

自从达·芬奇接下这件工作之后,他每天都把自己关在画室里,潜心研究画面的构图、人物的面部表情等问题。

在达·芬奇之前,曾经有很多画家用同样的题材作过画。可是达·芬奇说:"我不愿模仿别人。这幅画的构图、人物的形态和容貌,都必须是只有我才能表现出来的。"

为了达成自己的意愿,达·芬奇呕心沥血,日夜忙碌,有时候竟然忙到寝不安眠、食不知味的地步。

　　过了很长时间,达·芬奇终于把草图画好了。于是他前往修道院,让人在墙壁前搭起了脚手架,天天都爬到上面画个不停。

　　达·芬奇的徒弟萨拉依诺,总会在一旁帮他的忙。当萨拉依诺看到师父笔下逐渐出现的人物形象时,自言自语地赞叹着说:"这真是举世无双的名画!"

　　有一天,萨拉依诺在下边对达·芬奇说:"师父,您还有两个人的脸没有画上去呢。"

　　因为达·芬奇总是不把那两个人的脸补上去,所以萨拉依诺觉得很奇怪,终于忍不住说了出来。

　　"是的。关于那两个人的脸,我现在还想不出来怎么画。"、

　　"他们是耶稣、叛徒犹大两个人吧?"

　　"嗯,是的,其他的 11 位门徒都是心地正直、很有德望的人,所以,我在画他们的时候,心里能够想象出他们必然有什么样的容貌,画起来也比较容易。"

　　"您说得很对。从这几位门徒的脸上,一眼就能看出他们内心那种正直、高贵、诚实的情操。"

　　"你也这么认为吗? 可是,被这些门徒尊奉为救世主的耶稣,又该怎么表现呢? 你不认为这是凡人所无法办到的事儿吗?"

　　"是的,听到师父这么说,我也觉得是这样。"萨拉依诺现

在终于明白师父为什么一直没有把耶稣的脸画出来。

没过多久,达·芬奇竟然开始画起耶稣的脸了。萨拉依诺每天注视着师父的一笔一画,直到差不多完成的时候,他心里感叹:"对啊,这才真正是耶稣的脸。存在于我们心中至美至善的救世主,好像就出现在我的面前。"

"还是不够完美。耶稣的高雅气质,我还没有充分地表达出来。"达·芬奇并不觉得很满意。他考虑了很长时间,不时拿起笔来做修补。

最后,耶稣的脸终于完成了。可是,画面上还是少了一个人的脸,说什么也画不出来。

在达·芬奇作画期间,那个修道院的院长过来催过好几次。他每次来了都见壁画始终未能完成,而达·芬奇却经常蹲在壁画前面,不知道在想些什么。

修道院院长认为达·芬奇是在偷懒打瞌睡,于是走过去抗议说:"达·芬奇大师,看上去貌似只差那么一点点了,请您尽快把它完成好不好?如果这幅画迟迟不能完成,连我也会受到人家的指责啊。"

"你没看到吗!我这不是天天都在这里工作吗?"

"但是,我每次过来见到的都是您在打瞌睡。"

"怎么会是打瞌睡呢!您不明白,绘画只是工作的一小

部分,而脑子的思考要占整个工作的绝大部分。那些认为动了画笔就算是在工作的画家,只不过是三流角色而已。就拿我个人来说,当我沉思默想的时候,比动手作画要辛苦得多。”

修道院院长听了达·芬奇的话,只好悻悻而去,可是,他心里还是有一种受骗的感觉。

“对了,请领主下令,叫达·芬奇快一点画完吧。”修道院院长这样想着,马上进宫求见卢多维科·莫罗,把事情的原委讲给他听。

卢多维科·莫罗立刻将达·芬奇叫来问道:“听说你到现在还没有完成壁画,为什么会拖这么久?”

“请您听我解释。现在已经差不多完成了,只是还有一个门徒的脸没有画,因为还没有找到适当的模特,现在正在犯愁。只要模特找到了,马上就可以画好。”

“是哪一个人那么难找?”

“犹大。”

“是他啊！就是出卖耶稣的叛徒！”

“对！就是这样的人物,所以才很难找。有时候我也曾经去过法庭参观盗窃犯和杀人犯受审的情景,可还是没有找到适合犹大个性的脸孔。”

“这样说来,只要找不到模特,这幅壁画就永远没办法完成了,是吗?那天听修道院院长说,你总是偷懒打瞌睡。"

"居然是这样,我现在倒有一个好办法。关于犹大的脸,假如还没有找到合适的模特,实在没有办法,就只能借助修道院院长了。如果这个办法行得通的话,那么我明天就可以动手,用不着再等了。"

听到达·芬奇这样说,卢多维科·莫罗差点笑出声来:"这个行得通,也确实有趣。我马上叫修道院院长过来,把你的意思转告给他。"

不一会儿,修道院院长被请来了。

"什么! 让我当犹大的模特? 这怎么能行啊! 我请求您别这样折磨我啊!"修道院院长连连向卢多维科·莫罗祈求。不过,他的请求,无济于事。

最终,惊世之作《最后的晚餐》,大功告成了。

在《最后的晚餐》这幅画中,达·芬奇使用了一种新的画法,是过去任何人都没有使用过的。

当时的画家在描绘耶稣、十二门徒的画像时,往往要在头部上方画一圈光晕。达·芬奇却反对这种做法。他觉得,圣人也是人,既然是人,就不应该和普通人有什么不同,人为地加上光晕会显得很不自然。如果能在手法上表现出他崇高、纯洁的气质,这才是真正的圣人形象。

达·芬奇《最后的晚餐》

因为这种思想，达·芬奇在画耶稣、门徒的时候，都没有加上光晕。同时，他所采用的构图方式，是将耶稣的像置于中央，而室内的墙壁、窗口等的线条，就以耶稣的脸为中心，做放射状的伸展，使观者的视线自然而然地汇集在耶稣身上。

除此之外，对叛徒犹大，应该用什么方法来区别于他人呢？在达·芬奇之前，有很多画家曾以《最后的晚餐》为题作过画。但是，他们都不约而同地用头后不加光晕的方式来表示此人就是犹大。这种方法很简明，可是，达·芬奇并不想这么做。他想了很久，决定让每一个门徒的脸上都照到光线，只有犹大的脸被遮掩在阴影之中，这样就可以区别开来了。（在画中，左数第四个人头，脸部较黑的，即为犹大。）

因为达·芬奇对画中的每一个细节都下了苦功，所以，这幅壁画从开始到完成，前后花了多年时间。

只要看过这壁画的人,都会伸出大拇指赞叹说:"这幅画真是神作!世界上还有谁能够画得如此逼真、如此庄严、如此动人呢!"

《最后的晚餐》好评如潮,受尽人们的赞誉,而那位修道院院长也觉得有面子。可是,他对于达·芬奇拿自己作为犹大的模特这件事儿,还是耿耿于怀。

在西方,大家都知道,犹大这个角色让人十分厌恶,难怪修道院院长会那么气愤。他心中总是在想:"等有了机会,我一定会报仇的!"

被捕入狱

达·芬奇居住在米兰的时候,还曾给圣·弗朗西斯科教堂画了一幅《岩间圣母》。

《岩间圣母》描绘的是圣母玛利亚和跪在她脚边的幼儿耶稣、玛利亚之母圣安娜,还有圣约翰4人在岩窟内的情景。

在黑暗的洞穴当中,有一道来自上方的微弱光线,让人物的身形朦胧地显现出来,构图和谐自然,给人一种安详、毫无造作的感觉。

达·芬奇《岩间圣母》

每当徒弟萨拉依诺见到这幅画的时候,心中总是会想着这样的问题:"怎样才能把人物表现得如此逼真呢?"

"师父,请您教教我吧,我应该怎么做才能够如此生动地将人物的特性表现出来呢?"

"萨拉依诺,你对于马的身体构造不是很了解吗?其实和这个道理一样,画家对人体的内外各部,都必须有深刻的了解才行。比如说,你想画一个穿衣服的人,可是,这人在裸体的时候是什么样的,你应该也要弄清楚。除此之外,对于人体内部的骨骼、肌肉、脏腑等构造,也要有充分了解。我觉得你应该去学学解剖学。"

"这样说来,如果想成为一个画家,就得先成为魔鬼吗?"

"你小点声。别说这种蠢话!"

"但是,师父,解剖人体不是一种大罪吗?"

"当然是了,教会是禁止解剖的。假如我们做解剖的事儿让他们知道了,我们一定会受到处罚的。"

"对呀,我也记得小时候,有一位医生因为解剖了尸体而被判了重刑。"

"确实是这样子。可是,如果为了要追求真理,我们在必要的时候,也要违背教会的戒律。只有具备坚定信心的人才能办得到。"

"对,我也认为解剖不是罪恶。假如自己的出发点是对的,

那么有什么事情是不可以做的呢？"

"人类社会的进步，就是靠这种思想来推动的。你想想，1492年哥伦布不是横渡大洋而发现了新大陆吗？之前被人视为投机分子的哥伦布，现在已经成为了天之骄子。这是因为他有勇气实践自己认为对的事情。"

"好的，那么请您允许我当解剖助手吧。"

"当然可以了，但是你要死守秘密。我会给你机会的。"

一天晚上，萨拉依诺已经上床了，忽然床边的铃声响了起来。铃上系有长绳，另一端通到达·芬奇的房间。达·芬奇有事儿要找萨拉依诺的时候，就拉动这条绳子，以铃声代替呼叫。

忠实的萨拉依诺，听到铃声马上起床更衣，匆忙奔向达·芬奇的房间，问道："师父有什么事情吗？"

萨拉依诺看到，师父已经穿上外套，似乎正准备出去。

"你去准备一下灯火。"

"现在就要出去吗？"

"是的。你也跟着一起去，不要忘了带铁铲和素描簿。"

"好的。"听完这句话，萨拉依诺知道是怎么回事儿了。他回到房间收拾了一下，不一会儿就和师父出发了。

"你跟我来，不要作声。"达·芬奇交代了一句，迅速地穿过寒冷的街道,走到了绿荫蔽天的山毛榉树林中。师徒两个穿过了树林,再走过斜坡小径,不久就到了一座小山上。那里有埋葬罪犯、流浪者的墓地。

这个时候,萨拉依诺精神紧张地四下张望着,现在连个人影都没有。

凄凉的月光像雾水一般洒落在悄无声息的墓地上。达·芬奇从被月光染成苍白色的墓碑中间穿过,萨拉依诺也跟了上去。

他们来到一座坟墓前面,停了下来。

"萨拉依诺,你把这个挖开。"达·芬奇严肃地下了命令。

这是今天才下葬的新坟,就连墓碑都还没有竖立,土色也很新鲜。萨拉依诺一铲挖下去,松松软软的,很快就挖出了一个大坑。

刚开始还很害怕的萨拉依诺,等到真正挖的时候,已经忘记了心里的恐惧,以及对于此事的一切顾虑。

"为了寻求新的知识,这就是最难得的机会!"想到这个念头,萨拉依诺的心跳加快了。

等萨拉依诺挖出尸体后,达·芬奇对它进行了解剖,萨拉依诺则在一旁绘制草图。他们绘制完草图后,又把尸体重新放好埋上。

达·芬奇《解剖学研究》

不过，到了第二天的早上，让人想不到的事情发生了。

萨拉依诺想拿出昨天晚上所画的草图重新誊清，没想到，当他伸手去摸外套口袋的时候，竟然发觉那本素描簿不见了。

"怎么回事儿？"萨拉依诺急忙到处搜寻，结果还是找不到，"这下可坏了！这可怎么办呢？"

这是他们费尽心血才弄到的解剖图,就这样丢了,实在是可惜。不过,更严重的是,如果那本素描簿落到了别人手里,后果不堪设想。假如因为这个而被查出真相,不光是自己,就连他的师父都难逃牢狱之灾。

萨拉依诺急忙跑到达·芬奇的房间,把这件事情告诉了他。

"你赶快去找吧,现在时候还早,大概不会被人捡去才对。"

萨拉依诺看到师父态度很镇定,也就放了心,马上飞奔而出。

萨拉依诺才跑了两三步,忽然看见前面有 4 名衙役往这边走过来。他马上慌忙跑进来,对达·芬奇说:"师父,看样子像是衙门的人要来抓我们了!"

之后,萨拉依诺折回自己的房间,迅速收拾了一些随身物品,一溜烟跑到贮藏葡萄酒的地下室去了。

正如萨拉依诺所料,衙役走到达·芬奇家门前停下来,开始大力地敲门。

"请问各位是什么人?"达·芬奇亲自出去,以温和的口气问。

"我们是宗教裁判所的人,奉命来逮捕萨拉依诺归案,请您不要见怪。"在大名鼎鼎的达·芬奇面前,他们也不敢造次,

只得客客气气地说明了来意。

"萨拉依诺从昨天晚上就没有回来。"

"您说什么,没有回来?"衙役的声音忽然变得很尖锐。

"是的,我也在找他呢。"

"怎么会这么巧? 我们是奉命来抓人的,您要是把他藏起来,那可是自找麻烦啊!"

"假如你们不相信,你们可以自己去搜。"达·芬奇说完就马上退开,让那4名衙役进入屋内。

他们一进到萨拉依诺的房间,就开始翻箱倒柜地大肆搜索,但是没有找到。

这些人仍然不死心,又继续在屋子里四处搜索了一番,结果还是没有找到。

4名衙役找不到萨拉依诺,空手而归。

"师父,我对不起您,我真该死,干脆让我去自首算了! "

"事情已经这样了,再说了是我带你去的,所以你不必自责。"

接着,达·芬奇对萨拉依诺进行了一番劝慰,让他回到地下室,自己还是留在画室里,从容不迫地继续工作。

到了下午,宗教裁判所又来了一名官差。这次是带来了审判官的亲笔信,要达·芬奇即刻前往面谈。

　　达·芬奇到了宗教裁判所，审判官很有礼貌地让他就座。房子里摆着各种各样令人望而生畏的刑具，好像是在威胁着说："假如不从实招供，就要用这些刑具了，看你敢不敢耍赖！"这个时候，从隔壁的另一个房间传来痛苦呻吟的声音。

　　"达·芬奇大师，"审判官和气地说，"这本簿子，您可认得吗？"他打开素描簿，翻出萨拉依诺所画的解剖图给他看。

　　"让我看一下。"达·芬奇拿起素描簿翻了两三页，其中的一页写着几行字，下面署名是萨拉依诺。

　　"看情况是不能再跟他们胡说了。"达·芬奇转念一想就说，"这是萨拉依诺的东西。"

　　"是的，没错。这本簿子是今天早上在墓地里发现的，同时，在簿子掉落地点附近的一座新坟，昨天晚上显然被人动过了。"

　　"那么你的意思是，这件事情和萨拉依诺有关系？"

　　"我认为有很大的关系。簿子上面的人体解剖图，绝对是直接从死人身上描摹的，而且此墓是由两个人共同挖的，此事显然有共犯。我们非要逮捕萨拉依诺不可，大师您是本案的重要关系人，在我们还没有抓到他之前，只能委屈您暂时留在这里了。"他说话虽然很客气，但意思很明显，达·芬奇被当作嫌犯了。

　　审判官对站在一旁的部下说："你们将大师请到那边的

房间去。"

那个房间是什么地方呢？难道是刚刚传出呻吟声的那一间吗？

当达·芬奇被带出去时，他发现有一个人站在房门外面向内窥探。

"啊，达·芬奇大师。"

达·芬奇一看，原来是圣·玛利亚·德拉·格雷契修道院院长。

"在这种地方见到您，真是难得啊！您今天是来参观刑房的吗？听说您昨天晚上也去墓地参观了，对不对？您这样热衷于研究，我实在是佩服之至！"

听完了格雷契修道院院长的话，达·芬奇不由得暗暗叫苦。

现在，格雷契修道院院长已经知道这件事儿，达·芬奇这个罪名是难逃了。当时的天主教教条规定：解剖尸体，是魔鬼的行径。假如这个案子是由审判官处理，或许还可以请贵族出面，借着他们的力量请求赦免；可是，如果格雷契修道院院长插了手，那就一点希望都没有了。——这个人曾因《最后的晚餐》之事被达·芬奇调侃了一番，一直怀恨在心；现在，正好碰到了这个机会，自然是不会轻易放过的。

头上高高的地方,有一方嵌着铁栏的小窗口,四周都是灰色的墙壁,只装着一扇厚重的铁门。达·芬奇被关进这个囚房,已经有一个星期了。每天有人送来些许食物,但是却一直没有提审。日子一天天地过去,他好像是被遗忘了似的。

"现在萨拉依诺情况怎么样呢,他是不是已经逃掉了?"这是达·芬奇唯一担心的事儿。

"只要他没被抓到,我自己就好办了。"达·芬奇心中仍然惦念着徒弟的安危。但是他人在监牢里,根本没有办法和外界取得联系。

就这样,又过了两三天。

"怎么回事儿,怎么一点声音都没有? 昨天还偶尔可以听到走廊上来往的官吏在聊天,以及在院子里走动的巡逻队伍的脚步声;可是现在,所有声音都消失了。好像整个刑房都变成了空房子。"达·芬奇在囚房一个角落的干草堆上坐了下来,默默地想着。

突然之间,外面传来了一阵喧哗,有七嘴八舌的粗暴叫嚷、杂乱

达·芬奇
《囚犯》

的脚步声,似乎是有一大批人在那里群集吵闹。

随着脚步声越来越多,吵闹声也越来越响,貌似有几个人在达·芬奇的单人牢房前停了下来,接着传来铁器互相击打的巨响。

铁门上的锁被砸坏了,铁门被打开了。几个满脸胡须的壮汉站在门外,异口同声地对着达·芬奇大吼:"出来吧!"

"怎么回事儿?"达·芬奇站了起来,却不明白是怎么回事儿,只是望着他们不动。

"快点出来吧,你现在不用在这里坐牢啦!"

"你们是什么人?"

"和你一样,我们也是被抓来监禁的囚犯。"旁边的一个人笑了起来。

"我们救你出来,你也不说声谢谢,太不够意思啦!"说完,大家齐声大笑。

"请问各位,这到底是怎么回事儿?"

"哦,你好像是什么都不知道。已经开始打仗啦!"

"什么?"

"对啊,现在法国人攻过来了。听说这里今天晚上就会变成战场。如果你想活命,就得赶快走。"

"那些官吏呢?"

"他们很早就逃得无影无踪了。这里可不是你停留的地方。现在南边的路还没有堵住,你可以向那边逃走。"

这个时候,牢狱中的囚犯们,都对与自己有着同样命运的人显得很亲切。有人伸手拍了拍达·芬奇的肩膀,还拿出不知从哪里弄来的牛肉给他,让他多加保重。

法国军队打过来了

当达·芬奇走出牢狱大门后,他想的首要事情还是寻找徒弟萨拉依诺的下落:"我应该先回家看看。"

这个时候,因为战争的波及,街上出现了很多逃难的人群,一辆辆满载行李的马车,一个个肩上扛着包的男男女女,都争先恐后地往南方的大路涌去。

在回家的路上,达·芬奇见到了不少一手抱着婴儿、一手牵着稚龄小孩的妈妈,还有拖着病人而步履维艰的年轻人,他已经深深地感受到战争的悲哀、凄惨。

没多久,达·芬奇回到了家中。他家的大门是敞开的,用人们都已经走光,更不见萨拉依诺的踪影。他找遍了画室、萨拉依诺的房间,希望能找到留书什么的,但还是寻不到任何踪迹。

"现在萨拉依诺是被通缉的人,他不可能傻傻地留在这里。"达·芬奇这样安慰自己。

可是,在兵荒马乱之中失去了萨拉依诺,这对于达·芬奇来说是很大的打击。他经历了漫长的岁月,无妻无子、孤独一身,于是,工作成了他唯一的寄托,忠实可爱的徒弟萨拉依诺则是他精神上的最大慰藉。

"唉！难道我和他以后再也不能见面了吗？"达·芬奇现在觉得十分疲惫,他坐在画室内的椅子上孤单地沉思着。

日落西山,夜色渐浓,街上却无半点灯火,教堂的钟声也不响了。

"到宫廷去看看吧,不知道领主现在情形怎样,宫内说不定有人知道萨拉依诺的下落。"达·芬奇想。

忽然,爆发出一声大炮的巨响。接着,一声又一声,炮声震撼了大地。可能是敌人迫近了。

达·芬奇沿着民房的屋檐下穿梭而行,来到了宫廷。

全副武装的卫士看见了达·芬奇,惊喜地说:"大师,您没事儿了？这几天看不到您,大家都很担心呢！"

"大公在吗？"

"是的！"

达·芬奇见到家臣们个个气喘吁吁地在宫殿内忙碌着,其中有个人见到了他,一边擦着汗水一边告诉他:"大公在里面等着您。"说完转身领着他走进后面的一间密室。

"达·芬奇!"

卢多维科·莫罗一眼就看到了从外面进来的达·芬奇,马上走了过来,使劲地握着他的手,感伤地说:"我现在只能先跟你告别了。战事已经没有希望了。在法国军队的强大攻势下,我军简直溃不成军;现在只是靠着最后一支义勇军在城门上迎战,估计今晚城内将陷入敌手了。"

"那您之后有什么打算呢?"

"我打算先躲避一阵子,之后再找机会雪耻。我一定要报这个仇,你等着瞧吧!"

卢多维科·莫罗没再多说什么,随即吩咐随从取来几包金子,把其中一包交给了达·芬奇。

"这是上次欠你的酬金。等到我东山再起的时候,一定会请你回来的。"

"您一定要保重。"

这个时候,卢多维科·莫罗的家臣们已经准备好了,数十匹马驮着行李,正等待着他起程。

"达·芬奇大师,请您上马吧,走远路的话,步行是很吃力的。"卢多维科·莫罗的一个家臣,牵了一匹壮马给达·芬奇。

在空荡荡的石板路上,马儿扬起清脆的蹄声向前奔跑。

"萨拉依诺,无论如何我必须找到你!"

然而,在这个战火摧残下的城市,所有人都已经跑光了。

萨拉依诺似乎不可能还留在这里。假如他有什么地方可去，那只有他爸爸那里了。

萨拉依诺的爸爸在离米兰城 20 千米的一个山村养马。以前达·芬奇承制弗朗西斯科大公的《骑马像》时，为了研究马的形态，曾由萨拉依诺带路造访过他爸爸。

"没错，就去那里找他吧。"

夜很深了，现在一片漆黑，道路都不好认，达·芬奇凭着模糊的记忆催马摸索前进。

直到东方微微发白时，达·芬奇在一处宽阔的山坡上发现了放牧的马群。他记得，之前萨拉依诺的爸爸就住在这座小山附近的高地上，拥有好几间大马厩、很多工人。

达·芬奇迎着烟囱上飘出的炊烟，来到一栋茅草屋前，下了马走进屋内，发现一个牧童正在那里烧柴煮饭。

牧童看见进来的是陌生人，吃惊地站了起来。

"我有要紧的事情，请你赶快请主人来。"

没过多久，萨拉依诺的爸爸走了进来。

"哦，原来是达·芬奇大师，快请里面坐。"萨拉依诺的爸爸看到只有达·芬奇一个人来，就吃惊地说，"萨拉依诺没有陪您来吗？"

达·芬奇《桦木林》

"啊？萨拉依诺没有回来吗？"

"没有。"

"那就糟糕了！"

达·芬奇失望透顶，萨拉依诺的爸爸也开始担忧。

"城中现在情况如何？听说敌人已经兵临城下，这是真的吗？"

"米兰城在昨天晚上可能就已经沦陷了。绝大部分市民都逃往外地去了，我还以为萨拉依诺一定会回到这里呢。"

"萨拉依诺这孩子为什么没有跟随在您身边呢？"

"这是有原因的。"接着，达·芬奇把事情的来龙去脉简要地说了。

"我认为,这孩子一定是不放心您,所以还躲在城里暗中查寻。不过,他从小就是一个很机警的孩子,即使来不及逃走,大概也会想办法应付过去的。放心吧! 他迟早会回来的,您就在这里等他好了。"

萨拉依诺的爸爸给达·芬奇找了一个房间,热情地招待他住下来。

第二天,萨拉依诺还是没有回来。

其中一个牧童自告奋勇地骑马到城郊的村庄探听消息,他回来说:"现在米兰城已经被法国军队占领了,领主逃出城外后,半路上被敌军抓到。现在战争已经结束,大部分的市民都已经回去了。"

达·芬奇说:"萨拉依诺不见了,这是我的责任。虽然学解剖是他自己的愿望,可是教他学解剖的人是我,我有责任把他找回来。我觉得在这里继续等下去也没用,我要赶回米兰设法查出他的下落。"

"那么,请让我也随您一起去吧!"萨拉依诺的爸爸说。

于是,达·芬奇、萨拉依诺的爸爸两个人骑上了马,匆匆地赶往米兰城。

回城寻找萨拉依诺

达·芬奇、萨拉依诺的爸爸,在赶往米兰城的路上途经不少村庄,随处都有人在谈论这次战争。

"这个卢多维科·莫罗实在是该死!"

"这种杀死了自己侄儿、夺取爵位的坏蛋,早就该死了!"

"你们听到消息了吗?听说卢多维科·莫罗的侄儿吉安的妈妈,是从法国嫁过来的,所以,法国国王对卢多维科·莫罗心存怨恨。"

"难道说这一次的战争是为了报仇?"

"当然是这样了!"

他们听到了很多谈论的话题,竟然没有一个人对卢多维科·莫罗有好感。

到了中午,他们才到了米兰城。

战争爆发的时候,米兰军队没有死守城池;当形势呈现不利的时候,守军就马上弃械投降了。所以,城中没有什么战斗的痕迹。现在,只有那些雄赳赳的法国兵,昂首阔步地满街走着。

但是,在市区内的有些地方可以看到米兰兵的尸体。城

北门附近的米兰军的尸体更是堆积如山,显示着这个地方曾经发生过激战。

这些尸体大部分都是士兵,其中也有一些市民的遗体。

"这其中,或许……"突然,一种不祥的预感像闪电般掠过达·芬奇的脑海。

"千万别乱想!"达·芬奇立刻否定了自己的想法。不过,不祥的预感还是挥之不去。

他们经过了好几个街头,当走到一条小巷时,迎头碰到肩上挑着大件行李的肉贩。

这个肉贩一见是达·芬奇,便迫不及待地说:"啊,达·芬奇大师,您这阵子去哪里了?我到府上去过好几次,没见到一个人!"

"请问找我有什么事儿吗?"

"是啊,有急事儿!是关于萨拉依诺的事情……"

"你说什么?"

达·芬奇听得心惊肉跳。

"萨拉依诺他怎么样了?"

"他被人抓走了!"

这个时候,达·芬奇、萨拉依诺的爸爸都已经下了马,认真地听肉贩说着。

"敌人攻进来的那天傍晚,我和妻子正搬着行李逃亡,半路上看到有一个人被4名大汉押着向这边走过来。看他的模样,正是萨拉依诺。首先看到他的是我妻子,她偷偷地对我说:'那不是萨拉依诺吗?'当他们从我身边走过去时,我看到他确实是萨拉依诺。"

"那时你有没有跟他说话?"

"我本打算跟他打招呼,可是看到他双手被绑,就一时心慌竟然忘记说了。"

"那4个人,是宗教裁判所的人吗?"

"我不清楚。但是,看他们的打扮,感觉不是。"

"那他被抓到哪里去了?"

"我把行李交给了妻子,马上从后面跟了上去。"

"你是不是查到了萨拉依诺的去向?"

"对。那个时候,天色已暗,周围还很嘈杂,所以,我一直跟踪到底,始终没被他们发现。"

"他们是不是去了刑房?"

"不对,他们去的是圣·玛利亚·德拉·格雷契修道院。那4个人到了修道院,马上就有人开门,把萨拉依诺接了进去。"

——原来这个修道院,就是请达·芬奇作《最后的晚餐》壁画的那座修道院。他们院长对达·芬奇、萨拉依诺师徒俩

一向不怀好意,这些达·芬奇心里明白。

达·芬奇对萨拉依诺的爸爸解释说:"格雷契修道院院长刚开始让审判官抓我们,结果,虽然我被抓了,但不久就发生战乱,官方也无能为力。所以,修道院的人就干脆自己动手,把萨拉依诺抓到修道院关了起来。"

"这么说,我们只要去格雷契修道院,就可以找到萨拉依诺了?"

"对,我们得早点赶过去。那个地方我很熟,而且我相信里面一定有人会帮我的忙。"

两个人说完立刻拨马向格雷契修道院飞奔而去。

萨拉依诺被关到格雷契修道院之后,已经有两天滴水未进了,但他仍然挂虑着师父的安危。

"不知道师父现在怎么样了? 他们会不会趁乱把师父杀了?"这样的想法在萨拉依诺的心中越来越强烈,他越想越觉得痛苦。

这个时候,外边却出奇地平静,连一点声音都没有。

萨拉依诺爬到头顶上方一个有铁栅栏的小窗口,向外面望出去,发现有两名手持武器的法国兵在院子里踱着方步,他的头就下意识地缩了回去。照这个情形看来,院内的教士似乎都走光了。

——原来,这家修道院由于与卢多维科·莫罗关系十分密切,院长和教士们深恐受到连累,早就逃之夭夭了。

虽然法国军队占领了格雷契修道院,但由于院内已经空无一人了,所以只留下了几个士兵在此驻守,以防歹徒进去捣乱。至于院内各处的情形,他们也没有深入查看。

现在,萨拉依诺没有被法国兵发现,可是也完全被世人遗忘了。

"都已经到了这份儿上了,不如拼一拼。"

萨拉依诺抽出身上预藏的短刀,心想:"假如师父已经不在人间,我死后也可以在天堂和他相聚,这样我也满足了。"

正在这个时候,牢房的大门被打开了。

"是谁?"萨拉依诺收起了短刀,大声地问。

突然,声音停止了。萨拉依诺更是觉得情况不妙,他把耳朵凑到门缝,用更大的声音说:"什么人?"

"你是谁?"外边有人回了一句。

"真是奇怪!这声音,难道是……"萨拉依诺听到外边的声音,胸口狂跳起来。他刚才听到的声音,与他听惯了的师父的那种慈祥的声音如此相似。

"我是萨拉依诺。"

"啊,真的是萨拉依诺吗?"

"是师父吗？"

"是啊！"

这个时候，门锁已经被撬开了。萨拉依诺用身体撞向厚重的铁门，使劲地将门推开了。

"萨拉依诺！"

"师父！"

萨拉依诺激动地抱住了站在自己眼前的师父。正在这个时候，他又见到了更意外的人。

"爸爸！"

"啊，你还活着！实在是谢天谢地！"

这种意想不到的团聚，忽然出现在眼前。三个人曾经熄灭了的希望之火重新燃烧起来了，他们正细细体味着重逢的喜悦。

艺术生涯的起落

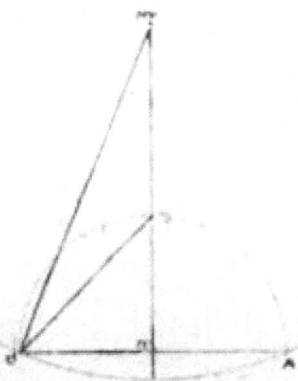

告别米兰

　　萨拉依诺、他爸爸，回到达·芬奇家里，在那里住了一夜。

　　萨拉依诺的爸爸为达·芬奇的前途担忧着："先生，您有什么计划吗？您还打算留在这里吗？现在米兰城已经沦陷了，米兰大公也已经被捕了，法国兵正在城内肆无忌惮地劫掠，在这种情况之下找工作一定很难。您可以暂时退居乡间，在我家里静养一段时间再说。"

　　"感谢您的一番心意。但是，我已经决定离开米兰了。"

　　"您已经不再留恋米兰了？"

　　"不，原本我就是受了米兰大公的邀请才到这里为他做事的。现在，米兰大公已经不在了，我留在米兰又有什么用呢？我这个人，不要说是一天，连一刻钟都不能闲下来。我已经没有工作了，所以，我只想赶快离开这里，到别的地方去工作。"

　　"好吧！您打算去哪里呢？"

　　"也许我会再次回到佛罗伦萨。那里是把我造就成为一个画家的地方。在那块土地上，我才能拥有真正的生命。"

　　"说起来，您在米兰也住得够久了。我也听说了，佛罗伦萨是文化艺术中心。像您这么卓越的艺术家，阔别佛罗伦萨、

在米兰停留时间太长,实在是有点可惜!"

"确实。从我到米兰至今,已经有 17 年了。这些年,我只是忙碌着工作,不知不觉竟过了这么多年。"

"您离开佛罗伦萨这么多年,想必那边的情况应该发生了很大变化。"

"我想也是这样。我的恩师韦罗基奥先生在 11 年前就去世了,之前照顾过我的洛伦佐·德·美第奇先生也由于一次风寒卧病不起……"达·芬奇谈起了佛罗伦萨的故旧,十分伤感。

"但是,从今往后,属于您的时代可就要到来了。"

"这可不见得。现在你也听说过米开朗琪罗这个人吧?"

"我从来都没有听说过。"

"他是一位年轻的艺术家。现在,在佛罗伦萨的美术界,无论是绘画还是雕刻,都以他的才华为最高。"

"先生,我认为,您千万不能让这种年轻小伙子夺去了光彩。我觉得您还是早日回到佛罗伦萨,让那个叫什么米开朗琪罗的后辈见识一下您的才华吧。"萨拉依诺的爸爸见到达·芬奇有点消沉的样子,不断地鼓励着他。

随后,萨拉依诺的爸爸又转身问萨拉依诺:"你有什么打算?"

萨拉依诺果断地说:"假如师父批准的话,我打算跟随师父到佛罗伦萨去。"

"好！如果你想一辈子都当画家,那么,永远跟随着师父好好学习吧。"萨拉依诺的爸爸点头表示赞许。

"先生,您也听到了萨拉依诺的愿望,不知道您肯不肯接纳?"

"您也清楚,萨拉依诺虽说是我的弟子,但其实跟我的朋友、家人没有什么分别。我无妻无子,唯一可以依赖的人就是他了。假如他不在我身边,我一个人孤孤单单的日子可不好过啊!"

"那就这么决定了。如果我儿子跟您在一起,我也可以放心了。"

决定好了之后,萨拉依诺的爸爸当天就起程返回乡下老家去了。

留下来的达·芬奇、萨拉依诺二人,开始动手收拾行囊,准备告别米兰,前往佛罗伦萨。

几天之后,达·芬奇、萨拉依诺二人打扮成旅客的模样,趁黑离开了家门。

当他们走到宫殿前面时,广场上营火熊熊,一群喝醉了酒的法国兵在那里高声吵闹,突然有个士兵放了一枪。

萨拉依诺向达·芬奇说:"他们这是在做什么?"

达·芬奇站在黑暗的角落里,注意观看着广场上的动静。

"你看,这些人干的好事!"这个时候,广场上爆出一阵狂笑,接着又是一声枪响。

达·芬奇愤怒地说:"这群混蛋竟然拿我的雕刻当枪靶。"

"真是太过分了。那座巨型的骑马像,可是师父您呕心沥血的作品!"

"没事儿了,我们还是赶路吧!如果再待下去,我会更难过的。沉醉在往日的回忆中,倒不如活在未来的理想世界里。"

说完,两个人就消失在了黑暗之中。

在前往佛罗伦萨途中,达·芬奇师徒俩曾在曼托瓦、威尼斯两地停留。

因为达·芬奇的名气过大,他们师徒所到之处,都受到贵族、豪门的热烈欢迎。

"达·芬奇大师,请您在这里永久住下来,为我们多创作一些伟大的作品吧。"有人热心地提议说。

有一位住在曼托瓦的名叫依莎贝拉·埃斯蒂的侯爵夫人,再三拜托达·芬奇为她画一幅油画肖像。然而,达·芬奇一心只想早日回到怀念已久的佛罗伦萨,所以只完成了肖像的草图。

达·芬奇《女子头像草图》

　　一连数日的欢宴,让萨拉依诺飘飘欲仙,差点乐不思蜀。他兴奋地说着:"师父,您不论到哪里都这么受人欢迎,我也沾了您的光。"

　　"这样是不对的。过度地享乐,有些时候反而是一种残害斗志的毒药!我们明天就赶路吧。"

　　第二天,达·芬奇婉转地辞谢了当地人的盛情挽留,带着萨拉依诺踏上了回家的路。

拜祭逝去的妈妈

这个时节已是春天,暖暖的春风吹在脸上很舒服。

当达·芬奇见到高原上盛开的蒲公英在微风中轻轻摇曳的时候,忽然回想起了自己的少年时代,用人们陪同自己第一次出远门,从芬奇镇前往佛罗伦萨时的情景。

"那还是我 14 岁那年的事情,距离现在已经有 34 年了!这些年来,不知道妈妈过得怎么样? 我那可怜的妈妈!"

达·芬奇的脑海中,再次清晰地映现出了妈妈年轻时的音容笑貌。

达·芬奇回头看看正在马背上打瞌睡的萨拉依诺:"萨拉依诺,我们绕个道吧。"

"您要去哪里呢?"

"芬奇镇。"

"原来是师父的出生地。这算是衣锦还乡吧! 到时村里的人肯定会对您夹道欢迎。"

"还是算了吧! 我不想让别人知道,而且村子里的人现在一定认不出我了。我只是想去见一见我的妈妈。这次的佛罗伦萨之行,我想把妈妈也一起带去。"

"嗯,这样很好,到时我一定会好好侍候她的。"萨拉依诺是如此心地善良,他这句话让师父深受感动。

芬奇镇依然是那么安静祥和。

村庄的小山上矗立着教堂的钟楼,橄榄树、葡萄藤的叶子沐浴在阳光中。沿着蜿蜒曲折的白色乡道走去,前面横着一条河流,有一个农夫坐在河边的木桩上休息。

达·芬奇知道,从这里再转个弯儿,沿着小路就可以到达妈妈所居住的农舍了。这是他小时候走惯了的一条小径。

于是,师徒二人就在这里下了马。

"你们要到哪里去呢?"农夫用好奇的眼光打量着眼前的师徒二人。

"请问您是这个村里的人吗?"达·芬奇问道。

"对,我就住在前面那座小山的山脚下。"

"我想请问一下,有一位名叫卡泰丽娜的女人,您认识吗?"

"这个人我当然认识了。可惜的是……"

"她怎么样了?"

"去年秋天,她去世了。这都是上帝的旨意。"农夫说完,叹了一口气。

"这是真的吗?"

"是的,我们还合力给卡泰丽娜办了丧事呢。"

达·芬奇默默地凝视着面前的河流。

"请问,您还知道卡泰丽娜女士的什么事情吗?"

"她是个无依无靠的女人,她的爸爸裴再伯早就已经去世了。后来,她把房子卖了,住进别人的家里,帮人带孩子。有时她也会对人说起那个被皮耶罗老爷领养了的儿子,还很兴奋地大肆夸奖一番。"

"是吗,她经常谈起她的儿子?"

"对啊,你认识卡泰丽娜吗?你是她什么人?"

"不,是别人托我来找她的。那么,您知道她的墓地在哪里吗?"

"就在这座山的后面。"

于是,他们在这位农夫的指引下,沿着山路向上走,穿过松树林,看到了一片墓地。在许多陈旧的墓碑当中,有一块简陋的新墓碑,上面刻着卡泰丽娜的名字。

达·芬奇跪在墓前,失声痛哭:"我们还是来晚了!为什么?如果我能够早点回来就好了!"

这个时候,看到悲伤哭泣的师父,萨拉依诺也不好说什么,他默默地随着师父一起跪了下来。

再回佛罗伦萨

达·芬奇已经一二十年没有回佛罗伦萨了,不管怎么样,它现在还是意大利最美丽的城市之一。

来到了佛罗伦萨,达·芬奇看到,阿尔诺河的水流依旧是那么澄澈,第尔·菲奥雷修道院的圆顶仍然耸立空中,塔上不时传来的钟声响遍全城。

萨拉依诺刚刚来到佛罗伦萨,总在家里坐不住,天天跑出去参观修道院和教堂的壁画、雕刻,回来就把当天的见闻、感想详细地告诉师父。

其中一件事儿让萨拉依诺大为反感——画家米开朗琪罗的名气比达·芬奇都要大:

> 师父,我真是愤愤不平。我每到一个地方,都是听见人们在谈论米开朗琪罗。论起才华,大家都一致推崇他,说没有人能够比得上他。现在的年轻人,竟然连师父您的名字都不知道。
>
> 听说他目前正为毛纺协会雕刻一座大卫像。这座雕像完成之后,他的声望可能又要升高了。

　　自从达·芬奇回到佛罗伦萨以来，不只是通过萨拉依诺之口，从别人的口中，他也好几次听到有关米开朗琪罗的传闻了。不过，达·芬奇、米开朗琪罗两人一直还没有碰过面。

　　有一天，萨拉依诺从外边回来，兴高采烈地跑进达·芬奇的画室，大声说："师父，我见到他了！"

　　"你是说谁？"

　　"米开朗琪罗。今天我在圣·马可教堂参观安吉利科的作品的时候，一个人与我擦身而过，他就是米开朗琪罗。那个时候，我新认识的一位朋友介绍我和米开朗琪罗认识。我告诉他，我是达·芬奇先生的门徒。"

　　"他没有对你说什么吗？"

　　"他说：'达·芬奇先生现在在研究什么？'他说话的时候，语气中带着讽刺的味道！"

　　"我早就知道他会说这种话。有人告诉我说，他从来没有把我放在眼里。"

　　"可是，他还说了师父的坏话。"

　　"他说我什么坏话了？"

　　"他说：'达·芬奇先生应该或者专心于艺术，或者致力于科学；如果两者都想弄好，那真是太贪心了，恐怕会落得两头空。'这话听着就让人火大。"

"哦！那你是怎么回答的？"

"我告诉他，我师父的伟大就在这里。艺术与科学合而为一，这才是师父最具价值的地方。"

"关于这一点，他是不会懂的。"

没过多久，米开朗琪罗的大卫像完成了。这个雕像用纯白色大理石雕刻而成，是一座高达 3 米的庞然大物。

大卫是《旧约圣经》中所记载的英雄人物，当过希伯来王。他年轻的时候曾和名叫格里亚特的巨无霸打斗，结果用石头把对方砸死了。

米开朗琪罗用大理石刻成的这座雕像，是大卫正怒目圆睁，奋力打击敌人的勇姿。

"这真是威武有力啊！"

"我看这雕像应当摆在市内的适当地点，可以吓唬敌人。"

对于这个美丽的大理石像，大家都赞不绝口。

市政当局为了慎重起见，决定召集专家们开会讨论有关这座雕像安置地点的问题。可以说，那个年代佛罗伦萨最具名望的一流艺术家，几乎全部应邀聚集在了市政厅的大会议室。

大卫像被搬进院子里摆着，米开朗琪罗也以作者的身份出席了这次会议。

在会议没有开始之前,达·芬奇取出他时常带在身边的簿子,在外边速写大卫像。

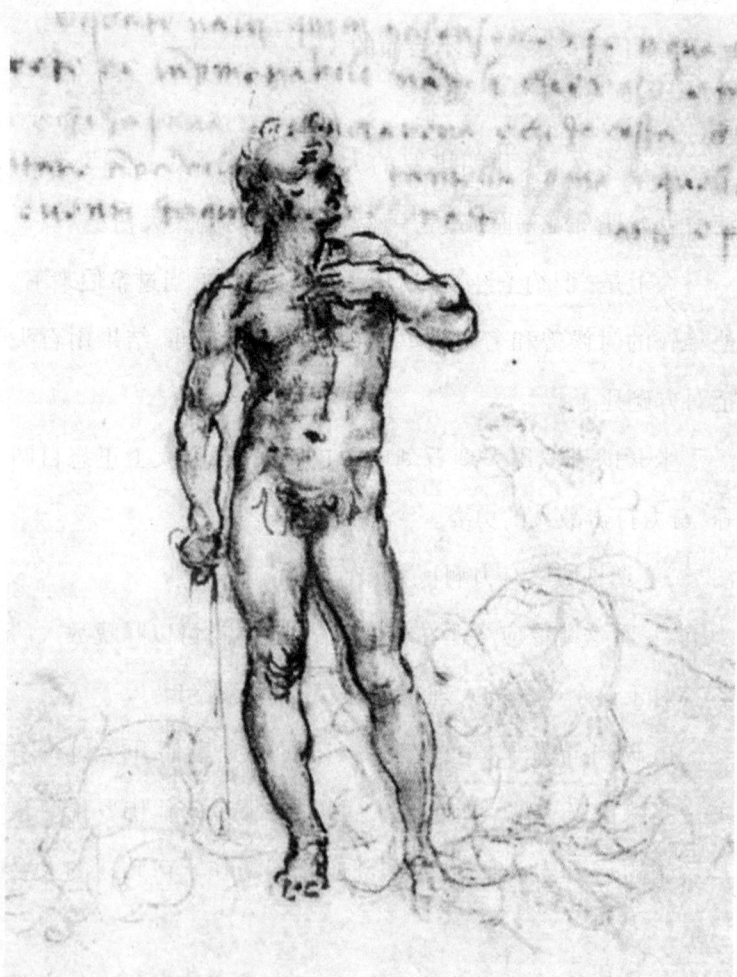

达·芬奇《米开朗琪罗的大卫草图》

波提切利《春》

　　这个时候,达·芬奇的同门师兄波提切利走了过来:
"达·芬奇,你仍然这么勤快,实在让人佩服。这座大卫像,你
觉得怎么样?"

　　波提切利和达·芬奇私交甚好,他以《春》《维纳斯的诞
生》等画作而闻名。

　　"这的确是出色的作品。在我离开佛罗伦萨的这段时间,
有如此伟大的艺术家接连出现,实在令人高兴。"

　　"米开朗琪罗还很年轻,不过他确实是你的好对手。"

　　"这让我觉得很荣幸。"达·芬奇谦虚地说。虽然他知
道米开朗琪罗在背后说他的坏话,可是对方的作品确实令他
佩服。

关于大卫像的安置地点,大家意见没有达成一致。

这个时候,一个人站起来说:"就摆在市政大厅内怎么样? 那个地方的楼梯口很宽,摆下这件雕刻十分显眼。"

达·芬奇也附和说:"这个构想很好,我赞成这个建议。"

由于达·芬奇大师也赞成,其他人也就同意了。

但是,一直没有说话的米开朗琪罗,这时突然站了起来,声色俱厉地说:"达·芬奇先生,你为何要把我的作品放在建筑物里? 我的作品体积大,而且强有力,这样的东西要远看才有价值。"

"当然,这一点我也很了解。对于您的大作,我也是衷心地佩服。"

"既然是这样,为什么你还主张放在建筑物里?"

"我觉得你的作品很优秀,所以希望能够永久保存下去。大理石是一种易于风化的石材,假如总是摆在外面任凭风吹雨打,时间长了,雕像的棱角会逐渐磨灭,质地也会受到损伤,整件作品原有的韵味就消失了。"

米开朗琪罗愤怒得火冒三丈:"你说得倒很好听,但我还是坚决反对。我主张把它放在人人都可以看得到的市中心广场。达·芬奇先生的意见,我没有办法接受!"

这下子,会场马上热闹起来了。

有人对米开朗琪罗这种偏激的说法感到很不高兴，可是也有人认为他的观点很有道理。

于是，人们就分成了两派，你一言我一语，争得面红耳赤。

这个时候，主持会议的市长苏第里尼，综合了大家的意见说：

达·芬奇先生的意见，主要着重于作品价值的保存，说得很有道理；而米开朗琪罗先生站在作者立场的主张，也是正确的。

按照我的想法，大卫原本就是一个英雄，是一个守护神，如果把这座雕像安置在维基奥宫殿前面的广场，作为维护本市和平的象征，或许比较合适。各位同意吗？

这个时候，争辩的人们都停了下来，听到市长的话，一致表示赞成。

可是，从这个争执开始，达·芬奇、米开朗琪罗两人的关系，更加恶化了。

和米开朗琪罗撕破脸

达·芬奇回到佛罗伦萨之后,生活仍旧很忙碌。他要么参加学术团体的研讨会,要么为政界人士或军方讲授有关战术、兵器方面的新知识,甚至研拟土地开发计划等。这样一来,他作画的时间越来越少了。

有一天,达·芬奇带领着萨拉依诺和另外几个徒弟路过一个教堂旁边。前面有四五个人围成一堆,高声地争论着什么。

"按我看,但丁写的那句话,绝不可能是你所说的那种意思。"

"不,你对但丁的了解太少了。他的话还有反面的意思。"

"绝对不是这样的!"

这个时候,人群中有人见到了达·芬奇,拉着正在与他争辩的那个人说:"你看,达·芬奇大师来了。咱们去请教他,一定可以得到正确答案。"

那人回头一看,达·芬奇正缓步而来。

"大师,您来得正好。我们正在讨论但丁的诗,有些地方大家都不太了解,希望您给我们一些指教。"

正当达·芬奇想开口说话的时候，另外一个人急匆匆地走了过来，正是米开朗琪罗。

"你们看，米开朗琪罗先生也来了。他对但丁的事情，应该比我更清楚才对。你们去请教他吧。"达·芬奇转身看着米开朗琪罗，"这些年轻人希望你给他们讲解一下但丁的诗，你就教教他们吧。"

"你说的是什么话！为什么非要我来解说但丁呢？"米开朗琪罗又是一副蛮横无理的态度。

"因为我知道你比我更精于此道。据说，你和已经死去的洛伦佐·德·美第奇先生，是作诗对句的好手。"

"哪里的话，我可没有你伟大。除了绘画、雕刻外，我对其他的事情既没有兴趣，也没有说话的资格。我认为，解释这事儿最适当的人选，应该是你这位世界第一的万能博士达·芬奇先生。"

这些年轻人面对这一场突如其来的讽刺，都大吃一惊。

这个时候，但丁的诗早就被抛在一边，达·芬奇、米开朗琪罗真正撕破了脸，激烈地争吵了起来。

"米开朗琪罗先生，你好像对我从事科学研究一事很不以为然，但人各有志，这又有什么值得大惊小怪的呢！我相信，人生之中的任何一种尝试，都不会是毫无意义的。"

"你说得对。假如把事情完成了，当然有意义。我的意思

是,事情做了一半就丢弃不管,那才是丢尽了艺术家的脸。"

"你这话是想说什么?"

"还有什么呢!当然是弗朗西斯科的骑马像了。听说你花了很长时间才只是完成了模型,结果那东西却被人家当作靶子做起打靶游戏来了!"米开朗琪罗说完了话,耸耸肩转身走了。

达·芬奇遭此羞辱,怒气冲天。制作弗朗西斯科骑马像的痛苦经历,自从他离开米兰之日到现在,一直被埋在内心深处隐隐作痛,所以他很不愿意提起这件事儿。

达·芬奇虽然承认米开朗琪罗的确有才能,但内心对他的憎恨之情与日俱增。

在佛罗伦萨人们心中,达·芬奇是一位有修养的人。他衣着讲究、风度翩翩,受尽人们的爱慕和尊敬。上流社会的人,每每举办宴会都一定会邀请他参加,以聆听他的谈话为荣。

反观米开朗琪罗,他的举止粗鄙、没有风度,很少受到人们的尊敬。在青年时期,他曾因为和同门师兄弟发生殴斗,被对方打中了脸部,从而鼻子变歪了,一张脸显得丑陋难看。

平心而论,米开朗琪罗的个性虽然不被人们喜欢,可是他对艺术的狂热、执著,令人敬畏。每当他从事一件工作的时候,真可说是废寝忘食,他能够把全部精神都注入作品当中。所以,他所完成的作品,任何人看了都会深受感动。

为丽莎作画

"乔宫多夫人真是太美了!"

"是啊,简直太完美了!如此美丽动人的女人,我以前都没有见过。"

达·芬奇的两个徒弟萨拉依诺、波里特拉菲奥在画室尽情地攀谈着。

"师父似乎很喜欢她。"

"啊,你也这么认为吗?我最近也开始有这样的感觉了。但是,师父的性格是,即便他有意思,也不会随便给人说的。"

大约5个月前,达·芬奇开始受富商乔宫多之托,为其夫人作肖像画。乔宫多夫人每次来画室的时候,大家都感觉像是春天的微风袭来,吹在脸庞,又悄无声息地消失。

乔宫多夫人叫丽莎,今年24岁,身材修长,黑色衣裳衬托着雪白的脸,眸子中折射着有神而明亮的光芒。

达·芬奇之前也画过妇女的肖像。这其中最著名的,是他从米兰返回佛罗伦萨的途中,在曼托瓦所画的依莎贝拉·埃斯蒂像。依莎贝拉是米兰大公夫人的妹妹,也是达·芬奇的崇拜者。她在上次求得达·芬奇的素描画之后,

如今再度邀请他在家里多住几天,希望他有足够的时间把素描改成油画肖像。可是,达·芬奇貌似把这件事情抛到脑后了。

现在,达·芬奇心里只有丽莎的肖像。有时候她没有来,达·芬奇就一个人坐在画室里,面对着制作中的肖像一动不动地凝视半天。

为了画这幅肖像,达·芬奇付出的苦心是非比寻常的。他特意雇用了工人将画室重新加以改造,在面向庭院的部分加了凉棚,把庭院的一部分划入室内。然后,在庭院、房子的中间用帷幔遮住,这样可以调节室内的光线,让整个房间经常保持着黄昏前的微弱亮度。

被划入室内的庭院中有喷泉,喷泉旁边有几株盛开的百合花等。这一切,都是达·芬奇为了讨丽莎的欢心而精心安排的。除了喷泉喷水的轻微声音之外,画室里悄无声息。

有一天,达·芬奇抬头看去,一个妩媚的身影正拨开帷幔,轻飘飘地走进了昏暗的房间。

"真是让您久等了。"

"没关系,快坐吧!我一边等你,一边沉于冥想中,也是一种乐趣。"

丽莎走进画室后,在固定的椅子上坐下。

"我今天被人缠住了,所以没能早来。"

"是谁?"

"是我的侄子安东尼奥。"

"是那个当旗手的安东尼奥? 之前乔宫多先生曾经介绍过一次,所以我认识他,我记得他好像是一位身体强壮的青年。"

"安东尼奥虽然被他们当作大人看待,可是他什么都不会。如果没有我,他竟然连自己做衣服用的布料都不会买。今天为了帮他购物,我花了很长时间。东西买好以后他又追根究底地查问我的去处,想一直跟我走,实在是没办法!"

达·芬奇一边听着丽莎的抱怨,一边对着画架继续作画。

当丽莎坐累了的时候,达·芬奇就拿起身旁的竖琴,轻轻地拨动琴弦。

又有一天,达·芬奇对萨拉依诺说:"我要出去旅行,你跟我一起去吧。"

达·芬奇并没有说明去处,但萨拉依诺凭着多年来的经验,只看了师父的态度,就知道他的旅行目的是什么。假如是属于写生旅行,他一般都不会说出目的地,而且行装简单,态度悠闲。所以,萨拉依诺准备了写生的用具。

第二天一大早，两个人骑马离开佛罗伦萨，当天就到了希莫尼湖。

萨拉依诺第一次来到这个地方，但他看着广阔无垠的深蓝色湖水，还有岸边嶙峋的灰白色岩石，有一些异样的神情。

"师父，这个湖叫什么名字？"

"希莫尼湖，你是第一次来。"

"可是，我觉得很奇怪，我总感觉之前在什么地方见过似的。"

"这真是奇怪了，是不是在做梦时见过？"达·芬奇笑着说。

没走多远，他们来到了湖畔的古老旅舍。

炉边坐着一个驼背的白发老翁，见到有客人，就招呼着说："请里面坐。"

"老板，你还认识我吗？"达·芬奇在炉边的椅子上坐下来，一边喝着老翁送上来的葡萄酒，一边问他。

"你是哪位？我年纪大了，记不大清楚了。"

"我上次到这个地方是 30 年前，那时我还很年轻，是陪着我师父过来的。那天凑巧遇到暴风雨，我师父生了病，是你把他扶到床上去的。我记得师父在这里住了大概有一个星期才回去。"

这个时候，老翁的脸上浮现了一道光彩，遗忘很多年的一段往事，好像又回到了他的脑子里。

达·芬奇《暴风雨》

"我想起来了,他是一位优雅的老先生。那次,您留下了他,自己先回城了。"

"对了,当时的那个少年就是我。我对这里的景色一直都不曾忘却,所以想要再来这里写生。"

听完他们的对话,萨拉依诺这才茅塞顿开,他激动地说:"师父,我终于想起来了。刚才来的时候,我就一直认为好像是在什么地方见过这里的景色。后来才想到,这正是《基督受洗》那幅画的背景!"

"嗯,你终于想起来了。《基督受洗》的背景,就是现在的希莫尼湖。那个时候,我师父突然病倒了,所以我帮他绘制了那幅画的背景。"

达·芬奇在这个地方住了五六天时间,他或者到湖边散散步,或者坐在半山腰的石头上细细描摹湖山景色。他并不怎么说话,每次回到旅舍都在沉思。

写生结束之后,师徒二人就返回了佛罗伦萨。

画像上的神秘微笑

达·芬奇返回佛罗伦萨后，参考希莫尼湖的怡人景色，绘制了丽莎肖像的背景。

丽莎跟往常一样，时常到达·芬奇的画室拜访。

有一次，丽莎站在自己的肖像前不停地赞叹着："您画得实在是太棒了，感觉像我自己灵魂出窍，跑到这幅画上面来一样！"

丽莎走了之后，萨拉依诺、波里特拉菲奥两人进入画室，一边打扫，一边聊天。

"波里特拉菲奥，我一直感觉很奇怪：自从在米兰认识师父后，他的画我看了很多，可是从来不曾像现在这件作品那样令人有高深莫测的感觉。"萨拉依诺说。

"你这句话是什么意思？"

"师父每次作画，人物脸上的表情能够让人充分体会出那个人的心理状态，这是大家一致的看法。《最后的晚餐》那幅画，我从一开始就担任师父的助手，目睹了他如何把世界上最神圣的耶稣的脸上的表情、最可耻的犹大的脸上的表情都充分表现出来。可是，这次乔宫多夫人的脸部表情却比较

神奇。"

"是吗？到底神奇在哪儿,快告诉我吧。"波里特拉菲奥说。

"比如说,这幅肖像给人的感受,每次看都不一样。昨天我见到的时候,她的表情似乎是快乐的;可是今天却一点也不一样,似乎是悲哀的、忧郁的。"

"这也许是由于你自己心理上的变化,从而产生了不同的感受吧。"

"可能是这样。但是,波里特拉菲奥,你仔细想一想,画像的表情能够跟着看画人的心情而改变,不正是由于这幅画把模特的心情完完全全地照实表现出来的原因吗？"

"对,其实人就是这样,有的时候心情愉快,有的时候却闷闷不乐。"

"就是说啊,虽然心情改变了,可是人还是同一个。"

"你的意思是说,乔宫多夫人在这幅画中,每天心情都会变来变去吗？"

"这倒不一定。画像完成后,当然是不可能再变的。不过,因为这幅画将模特的性情深刻地表现了出来,所以观赏者的感受会因心情的变化而有所不同。"

达·芬奇的两个徒弟在他的作品面前,不停地谈论着画像的问题。这幅画让他们钦佩得五体投地,他们感觉这幅画有一种说不出的意境。

　　有一天，波里特拉菲奥进入画室随手关上门，一会儿却慌慌张张地跑出来，到了萨拉依诺的房间，上气不接下气地说："啊，刚才吓死我了，实在太害怕了！"

　　"你这是怎么了？害怕成这个样子。"

　　"就是师父画的那幅画！"

　　"那幅画怎么了？"

　　"就在刚刚我走到那幅画面前的时候，画中的人竟然冲我微笑了。"

　　"大惊小怪的，那幅画原本就是在微笑着的。"

　　"不对，我明明见到她是真的笑了，还是那种又温柔又哀伤而且很神秘的微笑！"

　　不过，丽莎的这幅肖像画，还没有完成！在其后的很长时间里，达·芬奇仍然继续画这幅肖像。尽管在别人看来这幅画已经是很好的了，可是他却认为还不够完美。

两位天才画家的比赛

有一天,市长苏第里尼派人找到达·芬奇,说是有重大的事情,让他马上去市政厅。

当达·芬奇走进市长办公室的时候,苏第里尼和蔼可亲地起身迎接他。

"达·芬奇大师,我想拜托您一件事情,维基奥宫殿的大厅里有一幅壁画要请您绘制。这是佛罗伦萨市为了永久纪念我们所引以为傲的两位天才画家而做的创举。当然,就是您和另外一位画家。"

"另外一个人是谁?"

"就是米开朗琪罗。"

达·芬奇当下就绷紧了脸,严肃地说:"市长,您的意思是要我和米开朗琪罗共同完成吗?"

苏第里尼摇了摇头说:"当然不是这个意思。我知道你们两位对很多事情的看法互相对立,有人甚至说你们是一对冤家。但是,我并不这样想。我觉得您和米开朗琪罗都是因为坚守信仰,互不相让,所以才会产生冲突。在这种形势之下,不能说哪一个对、哪一个错。依我看来,其实两位都没错,我很敬重这种坚守信仰的精神,并且也希望两位能继续坚持下去。现在,我们就是站在这样的观点,拟订了计划,要把大厅的墙壁分为两部分,让你们两位分别在上面作一幅壁画。"

"原来是这样,我明白了。"达·芬奇点头表示接受,"但是,我这个人作画很慢,您是不是肯给我充分的时间?"

"当然,不过很多人都在埋怨您,说您作画老是拖个没完。"

"我真的很忙。"

"这个我当然知道,而且我也知道您现在正热衷于乔宫多夫人。"

"您这话是什么意思!"达·芬奇听完后立刻火冒三丈。

市长马上改口说:"我只是开个玩笑罢了,我其实是想说,您正在热衷于绘制乔宫多夫人的肖像画。"

佛罗伦萨的市民听说达·芬奇、米开朗琪罗两人要展开绘画比赛,便开始七嘴八舌地谈论这件事儿。他们两个人都是佛罗伦萨首屈一指的名画家,并且二人十分不和,总是处处针锋相对,所以市民对这件事儿更是兴趣盎然了。

达·芬奇先向圣·玛利亚·诺贝拉教堂借了一间大厅,在该处开始绘制草图。他要绘制的壁画主题是《安吉里之战》。

达·芬奇《安吉里之战》

安吉里是佛罗伦萨南方的一个地方，之前佛罗伦萨和米兰公国曾经在此地有过一场激烈的战争。

达·芬奇打算以这次战役中两军的骑兵队为了争夺一面军旗而展开火并的场面，作为这幅壁画的内容。

萨拉依诺、波里特拉菲奥每天都跟随达·芬奇到教堂。在达·芬奇画草图的时候，两人就从旁帮忙。

萨拉依诺眼见着师父笔下出现一大群人马厮缠、搏斗的惨烈血腥场景，心中不胜钦佩。

米开朗琪罗准备画的是《卡森之战》。卡森之战，也是佛罗伦萨历史上著名的一场战役。

米开朗琪罗下笔很快，完全不需要像达·芬奇那样长时间思考，所以能迅速完成一件作品。萨拉依诺为此十分焦急："师父，听说米开朗琪罗已经完成草图了，我看您这次不要再花太多时间去研究，赶快把它画完吧！"

就是徒弟不提醒，达·芬奇也知道米开朗琪罗确实是个劲敌，他这次根本没有打算像之前那样慢条斯理地去深思熟虑。

市长苏第里尼经常带着一大批随从人员到达·芬奇的工作现场去巡视，笑眯眯地催促说："大家都望眼欲穿地等着要看您的杰作，我希望您这次一定要全力赶工提早完成。"

过了一段时间，达·芬奇终于画好了《安吉里之战》的草图。紧接着他转移阵地，到维基奥宫殿的大厅去绘制壁画。这个时候，他的徒弟们早就在这堵墙壁前搭了脚手架，等候师父前来执笔。

在宫殿的广场之上，摆放着米开朗琪罗所作的大卫像。当达·芬奇走过雕像旁边的时候，朝阳掠过大理石的雪白肤面，璀璨生辉。大卫的肌肉紧绷，紧握石头的右手血脉凸起，让人感觉出他将发挥全力向敌人发出致命一击的磅礴气势。

"这尊雕像每次看起来都是这么动人！这种强有力的造型，除了米开朗琪罗再也没有人能够表现得出来。他真是了不起！"达·芬奇想。虽然米开朗琪罗很多次对他恶言相向，可是，他并不因此贬损米开朗琪罗。好就是好，这是谁也不能否认的事实。

正在这时，有一个人穿过广场，向达·芬奇走来。

"大师，米开朗琪罗这人确实太坏了。他一心一意地迎合市民，为的是要让自己出名。"

达·芬奇并不认识这个人，但对他这种说法产生了反感："米开朗琪罗确实是具有卓越才能的艺术家，他何必还刻意去迎合大众呢？"

"可是，这家伙不肯罢休，假如他不将天下一把抓，是不会感到满足的。尤其他对大师您的态度，真是让人看不顺眼。他以为只要除去大师您，他自己就可以稳坐佛罗伦萨第一把交椅，所以才处处与您作对。所以，您还是小心为妙。"

"谢谢你的关心。我认为，一个艺术家，只要在艺术上有良好的工作表现就足够了；谁好谁坏，大家自有正确判断。"

"确实是这样，所以，佛罗伦萨的市民正壁垒鲜明地分成两个派系，展开争论。"

"这真是有些意外。这样说的话，现在的问题并不只是我和米开朗琪罗之间的问题，而是与全体市民都有关系了？"

"不单单是这样,可能还会牵扯到政治问题呢。"

"竟然还有政治问题?"达·芬奇忍不住反问。

"是这样的。支持大师的人,绝大部分是主张拥护美第奇家族的一派;支持米开朗琪罗的,却是拥护共和党的人。"

"真是太不幸了,我们两个竟然被政治派系利用了!"达·芬奇说完,很不愉快地走进了维基奥宫殿。

初见拉斐尔

因为要忙着赶工,达·芬奇成天在脚手架上不停地绘制壁画。达·芬奇这次已经用足了功夫。

这一次,达·芬奇决定要尝试蜡画。这是古代罗马人所用的画法,后来废弃了。达·芬奇发挥了这种颜料的优点,而加以有效地利用。他采用蜡画工作了一段时间,可颜料还是用不惯,色调也不理想。

"师父,我认为,您这次的画不如平常那样好。我有些担心。"萨拉依诺提醒说。

有一天,达·芬奇画不下去了,于是停下手中的活儿,回到家重新考虑了一番。回头他对萨拉依诺说:"我决定放弃蜡画了。从明天起要改用油画,你替我准备吧。"

《安吉里之战》的绘制工作，刚一开始就遭遇到这种挫折，没有按照达·芬奇的构想顺利进行。

维基奥宫殿每天都有人来参观。宫殿的大厅本来是不能随便进去的，可是，人们还是想尽办法，利用各种关系混了进去。

同时，米开朗琪罗也在作画。进来参观的群众大部分都是抱着看热闹的心情，来这里找话题的。尤其是那些贵妇们，结伴来到脚手架的下边，交头接耳地窃窃私语。

就在这些人当中，达·芬奇发现了一个青年，他正十分认真地注视着自己的运笔情况。

达·芬奇暗中注意观察，见到那个青年一直保持着同一姿势，一动不动地注视着他的工作，用憧憬的目光牢牢地盯住画面。

到了傍晚，当达·芬奇走下脚手架的时候，已经不见那个青年的踪影了。可是，他那种真挚的眼神，早在达·芬奇的心中留下了深刻的印象。于是，达·芬奇就向萨拉依诺打听那个青年，萨拉依诺也不清楚其来历。

达·芬奇的《安吉里之战》草图，在诺贝拉教堂完成后，一直留在了那里让人参观。过了几天，他为了修改草图，特地去了那里一趟。

当达·芬奇来到草图前的时候,他看到昨天那个青年正在那里埋头临摹他的画。

青年抬头发现达·芬奇来到身旁,慌忙合上了写生簿,恭恭敬敬地向他行礼,羞怯得涨红了脸。

达·芬奇被这个青年的天真无邪打动了,主动问他:"看来你对我的画很感兴趣。你叫什么名字?"

这个青年被达·芬奇一问,低下头去,小声地回答:"我叫拉斐尔。"

"你貌似也是一位画家?"

"我是佩鲁吉诺先生的徒弟,因为听说达·芬奇大师要作壁画,所以就过来参观了。"

"改天让我看看你的作品好吗?"

"我没有什么值得给大师您看的作品。"

"你真是太谦虚了,我很喜欢你这样的年轻人。我认为,你将来一定会很有成就。"

拉斐尔可能是觉得自己在这里对达·芬奇的工作有些妨碍,就快步走了出去。达·芬奇看着拉斐尔的背影,对身边的萨拉依诺说:"这个叫拉斐尔的年轻人,应该是个很有前途的年轻人。"

"对了,我前天从朋友那里打听到了拉斐尔的一些情况。他是乌尔宾诺人,只有二十来岁,非常热爱画画;他爸爸也是

一个画家。"

"这样啊,那会儿我不清楚,要不然早把他留下来多聊一聊了。"

后来因为美丽纯洁的《圣母像》《耶稣像》被意大利人敬佩的拉斐尔,那时在佛罗伦萨还是个不出名的青年画家。

打算放弃比赛

时间飞逝,从达·芬奇作壁画以来,已经有很长时间了,但壁画却一直没有完成。

有一天,米开朗琪罗忽然怒气冲冲地跑去找苏第里尼市长。米开朗琪罗刚进市长办公室,就十分愤怒地大声喊了起来:"昨天晚上究竟发生了什么事情您知不知道?"

"什么事情啊?"

"我所雕刻的大卫像,就在昨天晚上,被人用石头砸坏了一部分!"

"我也是那会儿才接到的报告,想马上进行调查。"市长镇静地回答。

"我觉得,这件事情和达·芬奇有密切的关系。"

"达·芬奇先生?为什么这么说?"

"您应该清楚,这个人的壁画一直没有什么进展,可是,我的壁画马上就要完成了。他最担心的就是这一点,所以想尽一切卑鄙手段从中进行破坏。即便不是他亲自下手,一定也是他指使别人去破坏的。"

"米开朗琪罗先生,这件事情关系到一个人的名誉。你既然这样说,那一定是有确实的证据了?"

"这个……暂时还没有证据,但是,我相信绝对是他干的。"

苏第里尼突然庄重而愤怒地说:"我是佛罗伦萨市的最高负责人,我有责任维护本市的安全。可是,我也不能随便听信别人的谣言,我所需要的是确实的证据。"

"那么就去找证据吧,我认为这件事情一定少不了达·芬奇的份儿。"

"我会严肃处理这件事儿的。"

市长态度冷漠,更加激怒了米开朗琪罗,他一边恶狠狠地骂着,一边气愤地走出市长办公室。

"师父,米开朗琪罗实在是很过分,他竟然打算把破坏雕像的罪名加到您的头上!"萨拉依诺十分恼怒地把从外边打听的消息告诉达·芬奇。

但是现在,达·芬奇却心平气和地回答:"算了,别说了。

每次提到米开朗琪罗,你总说他坏,可我却不这样想,他的确是天才。只是因为他还年轻,还不知道自己的潜力到底有多大,所以显得太急功近利了。我认为,他在艺术上的才华应该是在我之上的,将来的成就是无可限量的。"

"您怎么说这种丧气话呢?"

"萨拉依诺,我对这幅壁画觉得有些厌倦了。这个比赛,我觉得我赢不了了! 所以我要放弃。"

"但是,这件作品还没有完成啊。"

"当然还没有完成,不过……"达·芬奇的话没有说完,他带着迷茫和落寞,安静地坐在椅子上,陷入了沉思。

伟人的余生

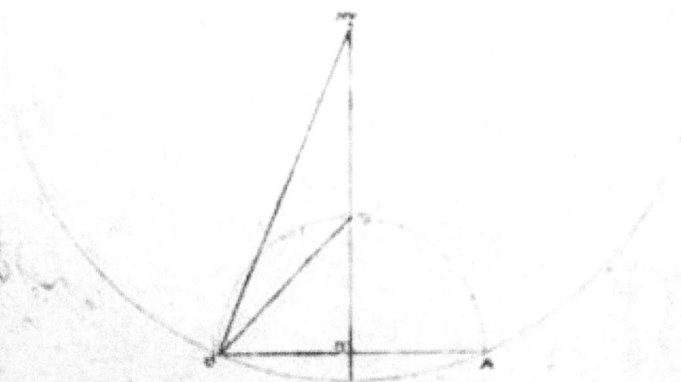

和丽莎的分离

自从达·芬奇开始绘制丽莎的肖像画到现在,不经意间过了两年时间。期间,他为了赶制《安吉里之战》壁画,总是忙得不可开交,所以,丽莎的肖像画曾经一度被耽搁,直到现在还没有完成。

现在,达·芬奇完全厌倦了那幅壁画的工作。所以,他打算再回到自己的画室,继续画丽莎的肖像。

画室还是原来的样子,室内整洁而舒适。丽莎像平时一样,悄悄出现在画室。打过招呼后,她在准备好的椅子上就座,耐心地充当模特。

忽然有一天,丽莎过了很久才来到画室。她坐下来之后,一直显得焦虑不安。

"丽莎,我看你有些心事,是不是发生了什么让你不愉快的事情?"

"对,有件事情我得告诉您。"

"有什么事情就说吧。"

丽莎迟疑了半天,终于说:"我先生说要去卡拉布里亚,他

让我也一起去。”

“既然是乔宫多先生的决定,你应该去。”

“但是,我不愿意离开这里,尤其是要我长时间离开这个画室,我很舍不得。”

“可是,夫人,时间不会太长吧?”

“他说三个月。”

“才三个月吗? 这没关系。等你回来之后,我们再继续画下去好了。”

“虽然是时间不长,我还是觉得备受煎熬。现在,经常到这画室来,已经成为我生活的一部分了。”

“我也一样。”达·芬奇回答说。

“既然你也这么说,那我就不去了,直接让我先生自己去好了。”

“夫人,你做这一切都是为了我吗?”

“你这么说,真是让我觉得为难。”丽莎悲伤地叹了一口气,迷茫地凝视着达·芬奇。达·芬奇手中握着画笔,默不作声。

“我看,你还是随他一起去吧。我觉得,乔宫多先生对此行一定很重视……”达·芬奇停了一下又说,“打算什么时候走?”

“今天晚上。”

"什么？竟然这么快？"

"其实，我也是今天才知道的。"

"哦，这样啊……"

达·芬奇轻轻说了这句话之后，再也没说话，他安静地继续挥动画笔。

"那么，达·芬奇，我走了。"

临走的时候，丽莎向达·芬奇伸出了手。他拉着丽莎的手，深情地吻了一下。在两人之间，这还是第一次。

达·芬奇放了手，丽莎再次用幽怨的眼神注视着他："我很担心这幅画没有办法完成。"

"那是当然，我的作品是永远不会有完成之日的。"

"这一直是你的个性。"

"大概是吧。"

"那你打算取什么名字？"

"《蒙娜丽莎》。"

"这太让我受宠若惊了，我担当不起。"说完之后，丽莎莞尔一笑。

"蒙娜丽莎"的"蒙娜"，是一种对妇女最崇敬的尊称。

就在那天晚上，丽莎随乔宫多先生启程前往卡拉布里亚了。

达·芬奇《蒙娜丽莎》

在丽莎离开佛罗伦萨那晚之后不久,苏第里尼市长通知达·芬奇,让他到市政厅去一趟。

达·芬奇应该也知道市长找他是为了什么事儿,但他还是勉强去了。

苏第里尼市长见了达·芬奇,马上摆出一副官老爷的架子:"达·芬奇大师,我委托您作的那幅壁画,到底什么时候才能完工?"

"工作拖了这么长时间,真是对不起!但是,我并不是在偷懒,而是因为有其他的意外事件,比如说,墙壁的表面涂得十分粗糙,等等。"

"这事儿米开朗琪罗也曾经提起过。可是,米开朗琪罗已经快画完了,您却连一半都还没有完成,这叫我怎么向市民交代!"

"我很了解您的心情,请您再等一等好不好?"

"可是,我都等这么久了。而且,有些支持米开朗琪罗的人,现在都在散播谣言恶意中伤您,说您白拿了公家的钱。这种谣言虽然很可恶,可是,假如您的工作还是没有什么进展的话,我又能拿什么理由去跟他们解释呢?"

"我了解。"

达·芬奇回到家后,马上算清了市政府支付给他的酬金

账目,准备好等价的现款,让萨拉依诺马上去交给市长,并告诉市长他把已经领到的钱如数退还。

可是,达·芬奇万万没有想到的是,市长无论如何也不肯收钱。他说他要的是壁画,不是钱。

达·芬奇也真拿市长没有办法,只有将这件事情摆在一边,等市长以后提起的时候再说。

丽莎不幸去世

佛罗伦萨城中有一个很有钱的商人,名叫安杰罗·朵尼。他住着奢华的别墅,总是不断挥霍着钱财。他有一个爱好,就是收藏名家的绘画、雕刻作品。

有一天,达·芬奇受了朵尼的邀请,去他家赴宴。朵尼的用意是,希望达·芬奇能够帮他的太太画一幅肖像画。

"大师,请您无论如何都帮帮我,不管多少酬金都没有关系。"很明显,朵尼是打算用厚礼打动达·芬奇的心。

可是,达·芬奇断然拒绝了他的要求:"很抱歉,朵尼先生。我现在正因为不能按照约定期限交画而挨骂,甚至连苏第里尼市长都被我拖累了。我看,您这件事情还是以后再说吧。"

其实，达·芬奇对朵尼这个人没有什么好感。而且，他那位太太的尊容，也丝毫引不起达·芬奇的兴趣。

"可是，您应该知道我也是个艺术爱好者。只要是佛罗伦萨画家的作品，我差不多都有收藏。"

"这个我早就有所耳闻。"

"请您看看我的收藏品，我敢说每一件都是一流作品。"

于是，朵尼带着达·芬奇走进了一间大收藏室。

这里真的有很多艺术杰作，比如韦罗基奥的《圣母像》、波提切利的《维纳斯》、米开朗琪罗的《天使像》，还有希腊、罗马名家的雕刻等，让人看得眼花缭乱。

达·芬奇按照顺序将每一件作品仔细地欣赏。

当达·芬奇走到柱子旁边时，有一幅悬挂在不显眼地方的朵尼肖像画却引起了他的注意。

达·芬奇站在这幅画前面，仔细地端详着："这是一幅很杰出的作品，我不知道佛罗伦萨竟然还有如此优秀的画家，而且，他的画风跟我有相似之处。"

"这是当然的，他是大师的崇拜者。我觉得他在有意模仿大师。"

"这只是你看到的表象，实际上，他已经超越了模仿，而成为他自己的东西了。请问这位画家叫什么名字？"

"他叫拉斐尔。"

"拉斐尔?"达·芬奇想了一下问道,"他是不是佩鲁吉诺的门徒?"

"您是怎么知道的?他是在好几年前才到过佛罗伦萨。"

"嗯,是他,我见过他一次,那个时候,他正在临摹我的壁画。我现在很想见见这个人,请你把他的住址告诉我好吗?"

"太晚了,"朵尼笑着回答说,"现在他已经去罗马了。他貌似在罗马谋到了什么好差事。"

达·芬奇有些失望,他只好把视线转移到朵尼的肖画像上。

"他如此年轻却能有这么了不起的表现,将来一定会成为卓越的画家的。"达·芬奇自言自语道。

黄昏时分,达·芬奇在回家的路上经过圣多里尼达桥的时候,背后有人急匆匆地走了过来,这个人高声喊道:"达·芬奇大师,请等一等。"

达·芬奇回过头一看,原来是乔宫多家的老用人。丽莎每次出门的时候,他都跟随在身边。

用人喘着粗气,平静了一下慌乱的神情,深深地吸了一口气说:"发生了一件很不幸的事情!"

"不幸的事情？"

"嗯，是的。夫人在前往卡拉布里亚的中途，不幸去世了。"

"你说什么？这……这是真的吗？"

"对。刚才有人从卡拉布里亚带了老爷的信回来。老爷在这封亲笔信里写得很清楚。"

达·芬奇当下说不出话来，他感觉天旋地转，浑身无力，双腿开始发软，差点跌倒。可是，他又不好意思在用人面前失态，马上站稳了脚跟。

"是这样啊……夫人有什么话留给我吗？"

"这我倒不清楚。在老爷的信中，只是交代家务的事情，别的并没有说什么。夫人那时的情况，我也不了解。"

"是你家老爷让你通知我吗？"

"不是的。我想，等到他回来之后，应该会有正式的通知。我是私下跑来告诉您的。"

"实在太感谢你了。"

现在，达·芬奇失去了丽莎，才明白她在自己心中的分量到底有多重！

重回米兰

达·芬奇、萨拉依诺两人在 3 天前离开了佛罗伦萨,现在正在前往米兰的途中。

"萨拉依诺,我们一起生活了很长时间了吧! 具体是多长时间呢?"

"应该有 26 年了。时间不等人,感觉跟做梦似的。"

"假如当时你骑的马没有横冲街市,我们可能一辈子都不认识。命运就是这样!"

"是啊,当时师父如果不是为了画骑马像的草图,也许也不会去挡那匹马,说不好我就掉到地上了。"

白天他们整天都在马背上,黄昏的时候到乡间的旅馆投宿,在坚硬的床铺上将就着度过一夜,第二天又上马继续赶路。

"明天就到米兰了。你和你爸爸阔别多年,现在又可以见面了。"

"是啊! 我听说,他老人家身体还不错,现在还在养马。"

自从卢多维科·莫罗的军队败给法国军队后,米兰一直被法国国王路易十二(1462—1515)统治着。

其实,达·芬奇这次能够去米兰,还真是费了一点周折。

因为达·芬奇的名声已经传遍了各国,所以,前些天,米兰总督特地派人去邀请他。

可是,佛罗伦萨的苏第里尼市长,不准许达·芬奇到米兰去。他坚决地主张:"在壁画尚未完成之前,哪里都不能去。"

于是,米兰总督写了一封情辞恳切的信给苏第里尼,请求他把达·芬奇暂时借给米兰。

这样一来,苏第里尼也不好意思再拒绝了。可是,他却对达·芬奇提出了这样一个恐吓性的条件:"批准三个月为期。假如逾期不返,就将其存款悉数没收。"

达·芬奇接受了这个条件,米兰之行方才如愿以偿。

对达·芬奇来说,米兰是个值得怀念的地方,是他留下了许多杰作的难忘之地。

刚来到米兰不久,达·芬奇就带着萨拉依诺赶往格雷契修道院,此行主要是想再度观看他创作的《最后的晚餐》。这一呕心沥血的杰作,是他感到极为满意的一项大手笔。如今,达·芬奇旧地重游,能够再度见到这幅壁画,自然很是激动。

萨拉依诺跟着达·芬奇迈进了教堂的大门。

之前的修道院院长,因为被查出对法国军队有不利的企

图,早就弃职潜逃了;现在的院长,听说达·芬奇要过来,兴奋得马上出去迎接。

达·芬奇缓缓走到那堵墙壁前面的时候,忽然停下了脚步,大声说:"院长,这是怎么回事儿!"

他们师徒都吃了一惊,呈现在他们眼前的壁画早已褪色,颜料也到处掉落,人物的面貌、表情都失去了当年刚完成时那种生动的光彩。

修道院院长很害怕这件事情的责任会落到自己头上,他战战兢兢地说:"达·芬奇大师,我也不清楚什么原因。在我接任院长职务的时候,这幅壁画就已经是这个样子了。"

"难道,我采用油画的颜料,是这幅画失败的原因吗?"

"我觉得很有可能。师父,您看,墙壁下端有那么多的油渍!"

达·芬奇仔细一看,果然看到在墙壁下端有好些斑驳的污点,看上去像是被雨水淋湿后的痕迹。

达·芬奇看到这种情形之后,突然就默不作声了。

达·芬奇久久驻足,感慨万千。当他们正要走时,院长作了挽留:"达·芬奇大师,我这里没有什么好招待的,请您留下来赏脸吃顿饭好吗?"

"实在抱歉,我现在得赶时间,告辞。"达·芬奇不顾院长的再三挽留,急匆匆地离开了。

再度收徒

有消息称,法国国王路易十二马上要到米兰巡游。

有一天,米兰总督派人邀请达·芬奇进宫说:"我们国王将要莅临米兰,我们想准备一份礼物,一定要新奇有趣。大师您有什么好办法吗?"

达·芬奇答应帮忙想办法。不久,他请来一个名叫佐罗斯特罗的机器匠,并要萨拉依诺做助手。这样,他们在他家里开始动工了。

总督不知道达·芬奇打算做什么,十分焦躁不安,害怕他会做出对国王不敬的什么事情来,那样的话后果将不堪设想。

总督越想越觉得不妥,马上把达·芬奇找来:"你到底是在制造什么东西?请实话实说。听说好像是一种机器,是不是?"

"大人,您千万别着急,我绝对有自信会让贵国国王感到满意的。"

总督听到达·芬奇这样说,也就不再追问了。

可是,当总督接到国王一行已经来到米兰附近的消息

时,他又开始坐卧不安了。总督再次跑到达·芬奇的寓所,对他说:"求你不要吊我的胃口了,快告诉我吧!"

达·芬奇还是微笑着说:"大人,现在还不是让您看到的时候呢! 十分抱歉。"

达·芬奇说完,马上把门关上,上锁。之后,门内马上传出锯割金属板、铁锤敲打的声音。

没过多久,路易十二终于到了米兰。

宫殿的正中央安上了国王的宝座,应邀作陪的廷臣贵族、绅士淑女们早就入了席。盛大的酒宴要正式开始了。

这个时候,大厅的正门突然打开,同时乐声大作,只见门口出现了一只狮子,大摇大摆地闯了进来。

见到这种情景,宾客们都吓得惊叫起来。可是没过一会儿,惊呼声又变成了欢呼声。大家都发现,这只狮子原来是用金属板拼凑组合而成的。

"快看,这只狮子感觉跟真的一样,还会动呢! "

这个狮子一步一步地缓缓前进,走到大厅中央才自动停止,随后把头部和前脚向上抬起来,用后脚作直立的样子。最后,它的腹部忽然像门一样打开,里面出现了一大把白色的百合花。

这个时候,在座响起了雷鸣般的掌声和喝彩声。

白色的百合花,是法国国王的象征。如此对法国国王表示欢迎,没有比这更精彩的了。

"总督,这是谁的主意?"一脸激动的法国国王欣然问道。

"禀告陛下,这个人是来自佛罗伦萨的艺术家达·芬奇。"

"让他过来,我要好好打赏他。"

达·芬奇应召而来。国王除了当面予以奖励之外,还马上宣布聘他为宫廷技师。

从此之后,达·芬奇又多了一项宫廷技师的差事,法国王室也按月支给他巨额的酬金。

对达·芬奇来说,他受命以宫廷技师的身份从事艺术、土木、工学等方面的工作,是一个难得的好机会。

其后,佛罗伦萨市长曾经屡次来信催促达·芬奇返回,可是,因为法国国王亲自出面写了一封回信,要求准许延长达·芬奇停留米兰的期限,佛罗伦萨市长也没有办法再过分催逼了。

"佛罗伦萨真是让人感觉有些厌倦,我不想再回去了。"每次接到佛罗伦萨市长的来信时,达·芬奇就会对萨拉依诺这么说。

路易十二为了让自己统治下的米兰更趋富强,就指派达·芬奇负责开展土地开发的工作。对于这项工作,达·芬

奇先是着手河水的治水工程,他把河道拓宽,并开凿运河,让河水兼具灌溉、航运两种功用。同时,他又利用自己在现场督导工程的机会,潜心于水流的研究。

在一条大河的河畔有一栋漂亮的别墅,归地方名宿齐罗拉莫·麦尔兹所有。达·芬奇在工作之余,时常会到这里做客。

有一次,在麦尔兹的别墅,达·芬奇碰巧看到一个可爱的少年在房子里专心作画。

"麦尔兹先生,这位少年是你的儿子吗?"

"是的,他叫弗朗西斯科,是我的独生子。"

"真是可爱的孩子! 你是不是有意愿让他学画?"

"弗朗西斯科确实是很想学,但是,我不敢做决定,因为我不知道他到底有没有绘画的天分。达·芬奇大师,如果您愿意收他为弟子,那么,我不仅毫不犹豫,而且会十分高兴地让他实现学画的心愿。"

"请让他过来见见面。"

麦尔兹马上让儿子带着他的画过来。

弗朗西斯科正好 14 岁,这个年龄和达·芬奇初入韦罗基奥门下时一样。当看到弗朗西斯科手持画纸十分紧张地走过来时,达·芬奇忽然想起了自己的少年时代。

"弗朗西斯科,你愿不愿意做我的徒弟?"

"我十分愿意。"弗朗西斯科羞怯地回答。

"但是,我这个人没什么定性,不会总是停留在一个地方,今天在米兰,或许明天会跑到罗马,到时你要见爸爸、妈妈恐怕就不容易了。这样的话,你也愿意跟着我吗?"

"当然了,只要能够跟在您身边,什么困难我都能克服。"

"既然如此,那我就放心了。"

达·芬奇回头对麦尔兹说:"这样看,他的决心是相当坚定的。"

"达·芬奇大师,那么一切就拜托您了。"

达·芬奇在收了新徒弟之后,立刻转移了话题:"我想请教你,麦尔兹先生,你觉得法国军队会把意大利永久占领下去吗?"

"我认为应该不会,您知道教皇已经和威尼斯、瑞士签订了盟约,我估计,不用过多久,联军就会攻入米兰,与法国军队开战。"麦尔兹精通国际政治问题,他的判断很有权威性。

"我太讨厌战争了,真是让人头疼。"

"同样,我也讨厌战争,但是,米兰原本就是意大利的国土,现在却被法国人强占着,这是违反天意的。我觉得法国军队应该很快就会被打败,而且卢多维科·莫罗的儿子马上将重掌政权。"

果然，事情就像麦尔兹说的一样。没过多久，意大利联军与法国军队发生了战争。勇敢的瑞士军把法军赶到了米兰的边境地区。

"弗朗西斯科，现在米兰不适合我们这些艺术家居住，我们还是搬到另外一个和平的地方比较好。"达·芬奇语重心长地说。

"您打算去哪里呢？"

"我们现在就去罗马。如今，全意大利最优秀的艺术家都聚集在罗马，他们不断地在那里创造着新的建筑、绘画、雕刻。萨拉依诺去准备行李。佐罗斯特罗也跟着一起去，你可以去制造机器！我们四人一起去罗马。"

参观米开朗琪罗、拉斐尔的画

没过多久，达·芬奇师徒四人抵达了罗马，萨拉依诺、弗朗西斯科被它那雄伟的气势吸引住了。

罗马是教皇的居住地。在天主教鼎盛的时代，宗教的势力不仅涵盖了全意大利，而且也在欧洲的每一个城市都影响巨大。

"师父，那边有一座即将完成的大建筑物，好像是教堂，不知道叫什么?"弗朗西斯科瞪大双眼,仰望着高大的圆形屋顶。屋顶上面搭着脚手架,很多工人在不停地忙着。

"那是兴建中的圣彼得教堂,等到它建成之后,很可能是全世界最大的教堂。听说教会为了筹措这座教堂的建筑费,一直都在想办法。"

徒弟们边听边走,随着达·芬奇走过圣彼得教堂,越过圣安琪罗桥。在这周围,有著名的梵蒂冈宫殿,那里有著名的西斯廷教堂。

萨拉依诺很激动地说:"意大利的美,现在从佛罗伦萨转到罗马了。罗马现如今已经成为世界第一都市,正是这样,这个地方的艺术风气十分兴盛。制造美丽的都市,才是艺术家的使命。我现在终于明白米开朗琪罗、拉斐尔离开佛罗伦萨到罗马来的理由了。"

"米开朗琪罗为西斯廷教堂所作的壁画,听说已经在去年完成了。"

"听说,那是一幅十分巨大的壁画。但是,让人更震惊的是那个年轻人拉斐尔。上次他到佛罗伦萨临摹师父壁画的时候还只是个小孩子,现在他的声望几乎要凌驾于米开朗琪罗之上了。"

"我早就认为拉斐尔这个人一定会成为伟大画家的。"

"师父,您千万不能输给这些年轻画家。我相信您在这里一定会大展才华的。现任的教皇不是洛伦佐·德·美第奇的儿子吗?我认为,他一定会特别安排一幅比任何人所画的还要大的壁画让师父您来绘制的。"

有一天,达·芬奇率领萨拉依诺、弗朗西斯科前往梵蒂冈宫殿内的西斯廷教堂,参观米开朗琪罗、拉斐尔的画。

当他们踏进教堂的大厅时,萨拉依诺、弗朗西斯科两人顿时惊呆了,上方的顶棚画实在是太壮观了!这正是米开朗琪罗的《创世纪》(1508—1512 年)。它布满整个屋顶,宽 13 米、长 36.5 米,面积近达 500 平方米。

巨型壁画《创世纪》的表现内容取材于《圣经》的开头部分,画面由 9 幅中心画面和众多装饰画部组成,一共绘有 300 多个人物,场面宏大,震撼人心。难能可贵的是,它是由米开朗琪罗独自一人创作完成的,前后历时长达 4 年多。

"在看到这幅画之前,我连做梦都没有想到过世界上竟然会有这种画,它太棒了。我之前第一次看到大卫雕像的时候,就觉得米开朗琪罗是一个很杰出的画家和雕刻家,可没想到他竟然如此伟大!"达·芬奇伫立良久,细细地看了又看,品了又品。

米开朗琪罗《创世纪》

梵蒂冈宫殿内还有一个房间也有壁画，它们是出自拉斐尔之手的《圣体辩论》《雅典学派》。其中，《雅典学派》以古希腊柏拉图所建的雅典学园为主题，以古代七种自由艺术——语法、修辞、逻辑、数学、几何、音乐、天文——为基础，表现人类对智慧、真理的追求。在宽279.4厘米、高617.2厘米的画面上，来自古希腊、古罗马等的学者汇集一堂，围绕着以柏拉图（前427—前347）、亚里士多德（前384—前322）两位古希腊哲学家为中心而展开学术讨论……他们中有毕达哥拉斯（前580至前570之间—约前500，古希腊哲学家、数学家）、赫拉克利特（约前540—约前480至前470之间，古希腊哲学家）、伊壁鸠鲁（前341—前270，古希腊哲学家）、阿基米德（前287—前212，古希腊学者）、托勒密（约90—168，古希腊天文学家、数学家、地理学家、地图学家）、第欧根尼（约200—约250，古希腊哲学史家）等，甚至还有画家拉斐尔（1483—1520）本人。

达·芬奇看着拉斐尔的壁画说："拉斐尔的画，吸收了我和米开朗琪罗两人的长处。我们历尽千辛万苦才摸索出来的东西，他竟然能够在这么短时间内化为己用。他这样的人确实也应该出人头地了。艺术本来就是这样，永无止境地在追求进步。现在，新的时代已经来临！"

达·芬奇说完转身离去。这时，萨拉依诺看着师父花白的头发、苍凉的背影，瞬间感觉出他的落寞之情。

拉斐尔《雅典学派》

设计飞行器

才30多岁的拉斐尔,声望竟然在罗马城中没有人能够比拟。他为人温文尔雅,相貌俊美,很多人都喜欢他。很多贵族、上层商人见到拉斐尔后,都争先恐后地求购他画的圣母像。就连万人之上的教皇,也都总会对他说:"请您为我再画几张优美的圣母像。"

萨拉依诺觉得很不服气:"拉斐尔画的圣母像,到底好在什么地方?能跟师父的《蒙娜丽莎》相提并论吗?《蒙娜丽莎》是有灵魂的。弗朗西斯科,你觉得呢?"

"我也是这么认为的。说实话,自从那一次师父在画室里让我看过那幅画以后,我对其他的画就没什么兴趣了。而且,罗马这个城市,实在比我们想象的还要坏,即使有教皇在这里坐镇也没有用。人心都过于浮躁,大家好像早就把上帝抛到九霄云外了。"

"是这样的,这里的人看着成天都像在过节日,参加聚会。听说,教皇的宴会,跟那些贵族、上层商人的比起来,更要奢侈。咱们师父对罗马似乎也觉得厌恶了。"

"这是当然的了,现在在罗马最受人器重的是拉斐尔这样的画家,师父的作品已经没有人去欣赏了,想想师父也够可怜的!"

有一天,达·芬奇在路过圣安琪罗桥附近的时候,遇到了一行迎面而来的队伍,来人好像很有地位。队伍的首领看着很年轻,他身穿华丽的衣服,骑着骏马,姿态严肃,好像是一国的王子或是贵族。

因为道路狭窄,如果达·芬奇不躲开的话,队伍就没有办法通过。

这个时候,年轻人的坐骑已经逼近达·芬奇的身旁了。达·芬奇慌忙侧了一下身子,不经意间抬头向马背上的年轻人望了一眼。达·芬奇感觉这个人好像在哪里见过一样,但是怎么想都想不起来。忽然,那个人勒住缰绳,跳下马,摘下帽子毕恭毕敬地叫了一声:"达·芬奇大师!"

"你是谁? 我们似乎在什么地方见过面。"

那个人很客气地说:"你大概已经忘记了,我曾经在佛罗伦萨描摹过您的壁画。"

还没等他的话说完,达·芬奇脑海中忽然闪现出一个人,是一位模样很俊朗的青年。

"啊,原来是拉斐尔!"达·芬奇不禁脱口而出,"我正想抽时间去拜访你,并恭贺你的成名!"

"万分感谢,达·芬奇大师。不管我变成什么样,我现在仍旧最尊敬您老人家。"

拉斐尔对达·芬奇十分恭敬,可是无论如何也遮盖不住他骨子里的孤傲。之前他所表现的那种淳朴真情,现在已经不复存在了;或许他对自己的现况很满足了。达·芬奇稍微和拉斐尔谈了几句,就不打算今后再跟他见面了。

此时已经是罗马的秋天了。有一天,达·芬奇突发奇想,领着徒弟们到罗马郊外散步。让他们纳闷的是,达·芬奇一再要求徒弟们要带着鸟笼,徒弟们不知道他究竟要做什么。

"我们在草地上休息一下,现在我让你们看一个有趣的东西。"

大家都坐定之后,达·芬奇走近鸟笼,望着笼子中的小鸟很长时间,忽然笑着说:"现在,我就放飞你们!"

达·芬奇打开了笼口,把它们都赶了出来,小鸟脱离了达·芬奇的手,马上飞到半空中,叽叽喳喳地消失了。

达·芬奇见到鸟儿们都飞走了,感慨地说:"鸟儿可以在空中自由自在地翱翔,假如人也能飞,那该是多么好的事情!"

"可是师父,人没有翅膀,怎么也不会飞上天的。"萨拉依诺应声说。

"不过,凭着我们的智慧和努力,现在已经把很多不可能

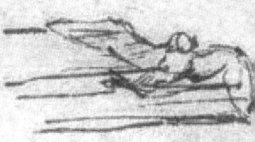

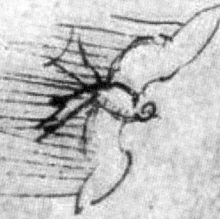

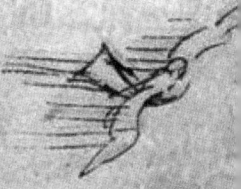

达·芬奇《鸟类飞行手稿》

的事情都变成了现实,许多事情并不是一开始就知道是可能的。"

"按照您的说法,我们人能够飞吗?"

"我只是在思考,假如人能够飞就好了。"

萨拉依诺曾经在师父的画室中看到过一些草图,画的是跟鸟的翅膀一样的东西,好像是能够绑在臂膀上的飞行器。当时他觉得很奇怪,现在才明白原来师父是在认真地进行研究。

达·芬奇对于飞行器的研发工作,一直在陆续地进行着。现在,他终于完成了设计,并吩咐人开始制造。

达·芬奇《飞行器设计》

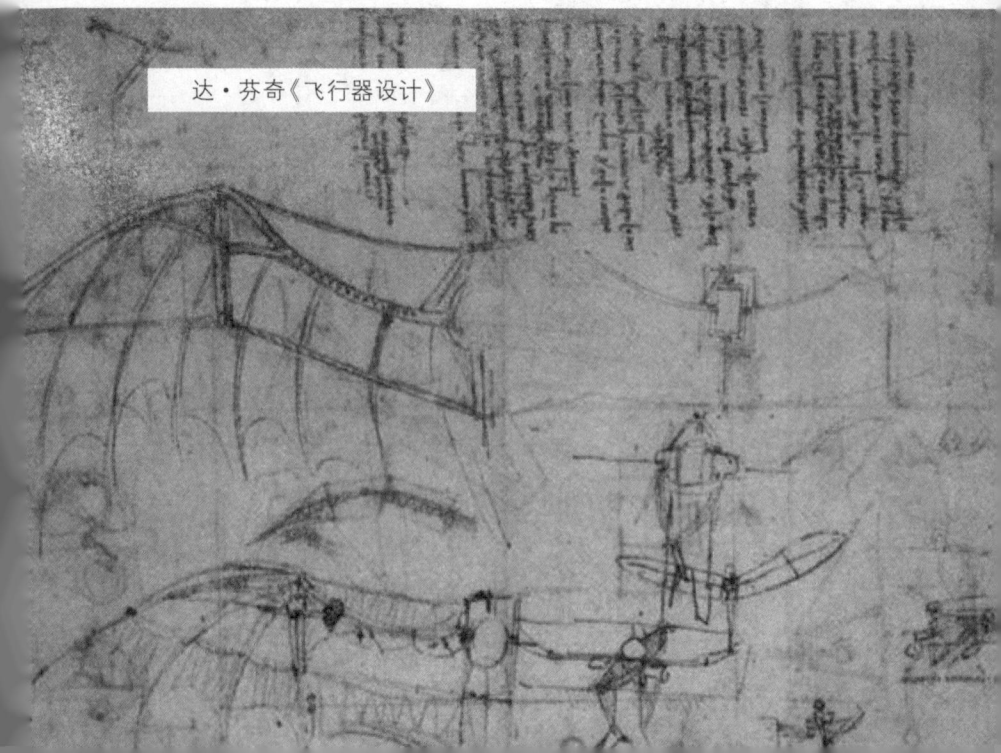

没过多久，这件事儿竟然传到了教皇耳朵里。随后，教皇传达·芬奇进见。

"达·芬奇，我听说你最近似乎在研究人类飞行机械，是吗？"

"是的。"

"你的本职工作不是画画吗？我刚开始请你到这里来，主要是让你从事画家的工作。你现在为什么做起这样无聊的事情来了？"

"请听我解释。我觉得人活这一辈子，不管从事哪项工作都是有意义的。其实，我对任何事情都感兴趣。"

"你认为是这样的？那好，我委托你一件事儿。"教皇很不屑地说，"我什么都不要，只要很多金币，你帮我发明一种能够快速制造金币的机器。"

"遵命。"达·芬奇没有多说话，退出了宫殿。

当萨拉依诺了解了这件事情之后，气得浑身发抖，他愤怒地说："教皇也真是难为人，竟敢让名满天下的师父帮他设计金币的铸造器，实在是不像话！"

弗朗西斯科也很生气地说："对。我还听说教皇一直在向信徒们出售'赦罪符'。看来，如此堕落的宗教，已经走到尽头了。"

在法国的日子

1516 年初春的一天，达·芬奇把萨拉依诺、弗朗西斯科叫到面前说：现在意大利到处都很乱，佛罗伦萨，自从美第奇家族败落以来，没有一天安定过；米兰，更是战祸频繁。所以，他对罗马已经彻底厌倦了。他决定，不但要离开罗马，而且要远离意大利。

萨拉依诺、弗朗西斯科听师父这么说，都很吃惊。他们随后询问师父的目的地，达·芬奇说他打算前往法国。

沉默了一会儿，萨拉依诺问道："师父是打算为弗朗索瓦一世（1494—1547）做事儿吗？"

"是的，弗朗索瓦一世自从 1515 年继承王位之后，就马上派特使征召我。他是想把意大利的艺术、学术成果引进到法国，用来提高他们的文化水平。我已经很老了，除了法国之外，再也没有什么地方可以让我发挥作用了。所以，我接受了法国国王的邀请。"

现在已经 64 岁的达·芬奇，殷切地盼望着徒弟们跟他一起前往法国。

萨拉依诺低下头去，含着泪水说："我现在恐怕已经无能为力了。"

达·芬奇诧异地说："我的徒儿,很长时间以来,你从来都是我最忠实的朋友,到了这个时候,你怎么……"

萨拉依诺悲伤地说:"现在,我自己也老了,我的身体总是不听使唤,而且握笔的时候,手总是发抖,我的脚也不好了,法国还那么远。"

"看来,你真的老了! 之前你刚来的时候,是个令人喜爱的英俊青年。真是岁月不饶人。假如你不跟我到法国去,你今后有什么打算?"

"我打算回故乡。自从我爸爸去世后,家业没人接管,用人们也盼着我回去。我打算回家度过余年。"

达·芬奇什么话也不想说了。师徒二人失声痛哭。

"弗朗西斯科,你呢?"

年轻的弗朗西斯科激动地说:"师父,我愿意跟随在您的左右。法国是我很向往的国家,师父您一定要带我去啊!"

"好吧,那么,你跟我一起去好了。"

达·芬奇带着弗朗西斯科,离开了罗马,向着法国进发。萨拉依诺则在佐罗斯特罗的陪同下,起程前往故乡米兰。

达·芬奇、弗朗西斯科二人,骑着马走在悬崖的小路上。道路上和山谷间都有积雪,除了偶尔从远处传来令人胆战心

惊的雪崩巨响之外,四周都是安静的。

"师父,您再看一下那边的山谷吧,我们就要离开意大利的土地了!"

弗朗西斯科提醒了达·芬奇,他眯起了眼睛,朝雪地中点缀着谷底的一带凝视了很长时间。

又过了好几天,他到达了法国中部的昂布瓦斯城堡,这就是法国国王弗朗索瓦一世的居城。

法国国王是个二十来岁的年轻人,他想尽快让自己统治下的国家繁荣起来,并能够提高文化水平,所以,他对达·芬奇十分敬重、信赖,并尊其为师。他把达·芬奇安置在一座叫克鲁克斯的庄园。

年轻的国王恭敬地说:"达·芬奇大师,您大可在这里过安心的日子。不管是艺术还是科学,您想研究什么就可以研究什么。您所需要的金钱、人力,我都可以供应给您。但是,有时候也需要您的帮忙,提供您的宝贵意见让我做参考。"

这年秋天,达·芬奇的身体开始出现衰弱趋势了。他总是感到手脚麻痹,而且拿笔的手总会发抖,难得想去郊游,但连骑马的力气也没有了。他甚至有时还会出现口齿不清的现象,连弗朗西斯科都听不懂师父到底在说什么。

到了冬天,达·芬奇把自己关在画室中,连散步都不想去了。大部分的时间,他都是躺在椅子上观赏着窗外的枯木、雪景。他告诉弗朗西斯科,如果有客人来找他,就说他不在。

一天,画室突然来了一个人。弗朗西斯科正准备辞客,没想到竟然是国王。

即使是师父有言在先,可对方毕竟是国王,他现在不能辞客。

国王轻声说:"我就想跟大师见个面。由于他这阵子总是不能进宫,所以我自己来了。"

"师父他最近身体不太好。"

"我明白。我不会长时间叨扰他的。"

国王轻轻地走进了画室。达·芬奇见到国王亲自前来造访,就很吃力地站了起来,打算像平时在宫廷见他那样行下跪礼。国王急忙阻止说:"您既然是我的老师,在这里就不用管什么礼节了。"

国王亲切地拉着达·芬奇的手,让他重新坐下。

国王笑着说:"我过来是来问候您的,而且也想聆听一些您的高论。"

当国王坐下的时候,突然见到了放在达·芬奇身边的一幅画。他看了半天才说:"您这幅是什么画?您的大作我确实见过不少,但是这幅画我是第一次看到。"

"这只是一件很早之前的作品。"

国王很激动地说："这真是完美的作品！实在让人忍不住称赞！画中的女人真是漂亮，模特是什么人？"

"她名叫丽莎，是佛罗伦萨一位富商的妻子。"

"您是在什么时候画这幅画的？"

"大约有 10 年了吧！"

"10 年？"国王貌似有些失望，不过他立刻又说，"即便是在 10 年前画的，她现在应该还是很年轻的。"

"十分抱歉，丽莎很早就过世了。当初我这幅画还没有完成，她就死在旅途当中了。"

国王听了之后，多了几分落寞，叹了口气，摇了摇头说："这真是可惜极了！"

大师逝世

第二天，有一位廷臣奉了国王的命令去达·芬奇的画室拜见。

"达·芬奇大师，陛下愿意用 4 万法郎的价格买下丽莎的肖像，您觉得如何呢？"

此时，达·芬奇闭着眼睛卧在椅子上，没有说话。廷臣看到他半晌不说话,觉得他认为国王所开的价钱太少,接着对他说:"陛下还告诉我,假如大师您在价格方面还有什么不满意的地方,可以让我回去禀报。"

"我对价钱方面没什么要求,"达·芬奇很平缓地说,"我很不愿意离开这幅画。麻烦你回去告诉陛下,其他的我什么都答应,只有这件事情我不考虑。"

廷臣无奈地回去了。

第二天,国王再次驾临画室。

"达·芬奇大师,我请求您,不管怎么样把那幅画忍痛割爱吧!从我见到的那一天起,丽莎的影子就一直盘旋在我的脑海,我就连晚上睡觉时也会梦见她。这幅画真是太绝了。大师,我求您了,您就把那幅画让给我吧。不管您开多少价钱,我都可以给。"

达·芬奇思考了半天,最后跟国王说:"我看这样好了,《蒙娜丽莎》在我还没有去世之前,暂时放在我这里;等我死了之后,就归您所有。您还这么年轻,还能比我多活好几十年呢!"

"您怎么说这种晦气的话呢!我只是希望您能够永远健康年轻。"

"谢谢陛下的关心,但是我早有一种将要离去的预兆。死

神好像悄无声息地在我的背后向我不断招手,要带我走。"

国王见到达·芬奇脸色十分诡秘,就也没有再提《蒙娜丽莎》的事情。

没过几天,国王的小儿子出生了。国王喜得贵子,很是愉悦,就在王后的居所多住了几天。

大约过了一个星期,突然有一个人慌慌张张地过来禀报说:"陛下,达·芬奇大师逝世了!"

国王听到之后惊慌失措,马上用最快的速度赶到了达·芬奇的寓所。

这个时候,达·芬奇已经离开了人世。这位曾经举世闻名的天才,现在默默地躺在那里,再也不会醒来了。

国王沉痛地跪在了灵前,和悲痛欲绝的弗朗西斯科共同向苍天虔诚祷告。

当国王再度经过画室的时候,又见到了仍旧安静地被摆放在那里的《蒙娜丽莎》。

国王忽然扭过头对弗朗西斯科说:"真是太奇怪了!如今的丽莎,看起来好像很忧郁的样子,貌似是在悼念大师之死;我第一次见到它的时候,里面的丽莎有着迷人的微笑。弗朗西斯科,你也能够感觉得到吗?我至今都没见过这么落寞的笑容。"

达·芬奇《自画像》

"对,我也感觉到了。丽莎的肖像充斥着哀伤、苦痛。"弗朗西斯科悲痛地小声回答。

　　达·芬奇是世界公认的伟大人物。经过了几个世纪,他的光芒只增未减。他不但是文艺复兴时代的巨匠,更是人类历史上难能一遇的全才,他的光彩永远璀璨。